Ernst Andreas Stadter

Ich will dir sagen, was ich fühle

HERDER spektrum

Band 5317

Das Buch

Das Geheimnis jeder geglückten Beziehung ist die *„emotionale Kompetenz"* Doch wie kommt man dazu? Einen ganz neuen Ansatz hat Ernst A. Stadter entwickelt. Er geht davon aus, dass wir vieles am Partner – auch in einer Konfliktsituation – überhaupt nicht als störend erleben würden, wenn wir nur wüssten, was in ihm vorgeht, was ihn im Innern bewegt. Das Problem dabei ist, dass dem Betreffenden oft selbst gar nicht bewusst ist, dass er etwas verschweigt –, vielleicht, weil es ihm peinlich vorkommt oder er Angst hat, nicht verstanden zu werden. Darum werden die Leser ermutigt und angeleitete, mehr auf ihre feineren Gefühle zu achten und auch die heimlichen Ängste wahrzunehmen – und mitzuteilen. Anhand vieler Beispiele zeigt er dem Leser sehr anschaulich, wie Störungen wahrgenommen und beseitigt werden, – nicht um zu entlarven, sondern um zu einer erfreulicheren und tieferen Beziehung zu finden. Emotionale Kompetenz kann jeder lernen

Der Autor

Prof. Dr. Dr. Ernst Andreas Stadter ist wissenschaftlicher Begleiter des von seiner Frau Ingeborg Anna Späthling-Stadter geleiteten „Instituts für Beziehungslernen und Beziehungstherapie" in Marienberg bei Rosenheim.

Ernst Andreas Stadter

Ich will dir sagen, was ich fühle

Emotionale Kompetenz in Beziehungen

HERDER

FREIBURG · BASEL · WIEN

Für Anna

Originalausgabe

Gedruckt auf umweltfreundlichem,
chlorfrei gebleichtem Papier

www.herder.de
Satz: Rudolf Kempf, Emmendingen
Herstellung: fgb · freiburger graphische betriebe 2003
www.fgb.de
Umschlaggestaltung und Konzeption:
R·M·E München / Roland Eschlbeck, Liana Tuchel
Umschlagmotiv: © Photonica
ISBN: 3-451-05317-9

Inhaltsverzeichnis

Zu diesem Buch

Nichts scheint selbstverständlicher zu unserem alltäglichen Leben zu gehören als Nahbeziehungen wie Familie und Partnerschaft. Das Kind wächst vom ersten Tag an in den intensivsten Kontakt zur Mutter hinein. An nichts auf der Welt knüpfen sich derart starke Hoffnungen und Sehnsüchte. Nahbeziehungen – da sie die Erfahrung von Geborgenheit, Angenommen – und Geliebtsein bereithalten – verheißen wie kaum etwas anderes Selbstentfaltung und Lebenserfüllung.

Und doch muss man sagen: Nichts lässt sich schwieriger an. So beglückend Beziehung auf der einen Seite sein kann, so *störanfällig* präsentiert sie sich auf der anderen.

Bis ein Mensch in unserer Kultur einen qualifizierten Beruf erlangt, bringt er oft, alles in allem, zwanzig Jahre Lernen hinter sich. Diese Investition in den Beruf wird als notwendig betrachtet und ohne weiteres akzeptiert. Das Verfassen einer Doktorarbeit nimmt sich allerdings kinderleicht aus gegenüber den Anforderungen, die eine Partnerbeziehung oder das Familienleben stellt. Dennoch gehen viele davon aus, dass das Gelingen einer Beziehung sich nebenher einüben ließe.[1] So verwundert es kaum, wenn auf diesem Gebiet wie auf keinem anderen Enttäuschung und unbeschreibliches Elend anzutreffen sind.

Zu fragen ist: Was aber macht Beziehung derart schwierig? Warum sind der chronische Konflikt und das Scheitern eher die Regel als die Ausnahme?

Auf tausenderlei Art reiben wir uns am Verhalten der Mitmenschen wund: wir fühlen uns verletzt und entwertet, eingeengt und unterdrückt, getäuscht und als blöd hingestellt, gelangweilt und frustriert usw. Diese vielfältigen Störungen werden überschaubarer, wenn wir sie nach *drei Gesichtspunkten* zusammenfassen. Wobei bei vielen Störungen, nicht bei sämtlichen, alle drei Aspekte zusammentreffen.

Erstens können wir uns durch ein mitmenschliches Verhalten *gestört* fühlen, wie wir uns durch Straßenlärm gestört fühlen. Darüber hinaus – zweitens – sind wir durch ein Verhalten verletzt, fühlen uns abgewertet, ja erniedrigt, wenn wir in unserem *Selbstwertgefühl* getroffen sind. Das besagt etwas ganz anderes, als wenn uns der andere mit seinem Benehmen auf die Nerven geht. Drittens führt das Abgewertetwerden durch einen anderen nicht selten dazu, dass wir uns in dessen Gegenwart immer wieder verkrampft, *blockiert*, gelähmt erleben.

Ein wesentliches Moment der Störung habe ich dabei noch gar nicht berücksichtigt, nämlich die Tatsache, dass uns viele Abläufe in Beziehungen *undurchschaubar* vorkommen. Wie oft stehen wir fassungslos vor einem Konflikt! Fast jede und jeder kennt den Aufschrei, meist im Verlauf familiärer Auseinandersetzungen: „Das ist ja das reinste Irrenhaus!" Der Satz drückt aus, wie absurd uns zwischenmenschliche Vorgänge mitunter anmuten. Wir strengen uns beispielsweise in einer Beziehung bis zum Umfallen an, erfahren aber nach jahrelanger Bemühung von unserem Gegenüber, dass es sich ‚schon immer' total unverstanden gefühlt habe. Da bleibt nur resigniertes Kopfschütteln.

Aber, so meine Behauptung, selbst die absurdesten Abläufe folgen einer glasklaren Logik. Nur dass diese unserem Auge gewöhnlich verborgen bleibt. Das Absurde bildet sozusagen die Außenansicht von Geschehnissen, die sich mit geradezu mathematischer Folgerichtigkeit vollziehen. Dass die Beteiligten dieses innere Gefüge häufig nicht erkennen, macht es so schwer für sie, eine Beziehungsstörung aufzulösen.

Oft ist uns ganz und gar unverständlich, *warum ein störendes Verhalten stört,* was genau das Störende ausmacht. Wie kommt es, dass uns *die eine* Aggressionsäußerung wie das sprichwörtliche ‚reinigende Gewitter' aufatmen lässt und befreit, während uns *die andere* furchtbar verletzt und demütigt? Weshalb finden wir *dieses* Pathos hinreißend und widert uns *das andere* an? Vor allem: was hat es mit all den vielen von uns gewünschten Verhaltensweisen auf sich, wenn sie uns, anstatt uns wohl zu tun, eher stören? Was ist mit der gut gemeinten Zuwendung eines Mitmenschen, wenn sie mich befremdet oder mich nur noch gereizt macht?

In diesem Buch will ich den Hintergrund, das Innere der Beziehungsstörung ausleuchten. Dass es zustande kommen konnte, ist nicht zuletzt all denen zu verdanken, die durch ihren Lerneinsatz daran beteiligt sind. Mein Dank gilt auch Frau Claudia Koppert für die kluge Beratung und sorgfältige Mitgestaltung der sprachlichen Form.

Aufgrund unzähliger Erfahrungen mit der Auflösung von Störungen* weiß ich, dass es einen Schlüssel gibt, der uns Zugang verschafft zur verborgenen Logik irrational erscheinender Abläufe. Es gibt das ‚Sesam öffne dich!' des Märchens.

Allerdings ist es nicht einfach, den erlösenden Zauberspruch zu finden und mit ihm umzugehen. Aus dem Märchen wissen Sie, dass der Held die unsäglichsten Strapazen zu bestehen hat, will er das Heilkraut erlangen. Oder dass er unlösbar erscheinende Rätselfragen vorgelegt bekommt mit der Androhung: Wenn du die Antwort nicht findest, musst du sterben.

Das Märchen formuliert hier eine allgemeine Wahrheit. Zum einen, dass die Lösung bestimmter Aufgaben einen geradezu übermenschlichen Einsatz verlangt; zum anderen, dass dabei praktisch alles auf dem Spiel steht: wir können alles gewinnen, und wir können alles verlieren.

Alle, die in einer Partnerschaft oder Familie, jedenfalls in einer Nahbeziehung leben, müssen früher oder später erkennen, dass es hier, wie es heißt, „ans Eingemachte geht". Falls wir gewisse Dinge nicht kapieren oder lernen, zahlen wir einen hohen Preis, müssen wir unweigerlich scheitern.

* Gemeinsam mit meiner Frau Anna als Gruppenleiter am *Institut für Beziehungslernen und Beziehungstherapie* in Marienberg bei Rosenheim. Die Fruchtbarkeit des Beziehungsgedankens für den Schulbereich und die Hochschule konnte ich in jahrelanger Zusammenarbeit mit der Pädagogin Monika Meißner erproben.

Warum das so eingerichtet ist, vermag ich Ihnen auch nicht zu sagen. Nehmen wir es als Faktum zur Kenntnis und machen wir uns mit dem Helden im Märchen auf die Suche nach der Lösung des Rätsels, das sich im Abenteuer der zwischenmenschlichen Beziehung verbirgt.

Erster Teil
Einführung in die Grundgedanken

I. Was die Beziehung stört

Hier zunächst ein Beispiel aus der Lerngruppe des Instituts. Für unsere Frage nach den Ursachen von Beziehungsstörungen ist die Vorgehensweise in einer solchen Gruppe sehr erhellend. Naturgemäß bringen die Teilnehmerinnen und Teilnehmer ihre Verhaltens- und Beziehungsmuster in die Gruppe mit. Dort werden diese in den Gruppensitzungen nicht nur ‚praktiziert', sondern können dadurch auch thematisiert, erlebt, widergespiegelt, reflektiert und übend verändert werden. In diesem Prozess erfahren wir Grundlegendes über die Ursachen einer Beziehungsstörung.

Katharina und ihre widerspenstige kleine Tochter Beate

Ich stelle vor: Katharina, 28 Jahre alt; ihre Tochter Beate, 6 Jahre alt.

Katharina ist berufstätig und außerdem für die sechsjährige Tochter zuständig, da sich der Ehemann aus den familiären Angelegenheiten ziemlich heraushält. Die junge Mutter strengt sich mächtig an, fühlt sich jedoch von der Doppelrolle überfordert.

Die Beziehung zwischen sich und ihrer Tochter beschreibt sie folgendermaßen:

Beate sei ein lebhaftes, eigenwilliges und insofern auch anstrengendes Kind. Daraus entstünden verschiedene Probleme. Beate mache oft einfach, was sie wolle, sei frech und widerspenstig. Katharina selber gebe sich die größte Mühe, ihr die anstehenden Dinge in ruhigem und freundlichem Ton zu sagen, aber die Tochter halte sich bei solchen mütterlichen

Belehrungen ostentativ die Ohren zu. Letztendlich verliere sie, Katharina, dann doch die Beherrschung, schreie die Tochter an, diese schreie zurück – es kommt zu jenem sattsam bekannten Teufelskreis, aus dem sich die Mutter nicht und das Kind schon gar nicht befreien kann.

Besonders morgens auf dem Weg zur Arbeit, auf dem sie Beate in den Kindergarten bringe, komme es unter dem Zeitdruck zu grotesken Szenen. So renne die Tochter in ihrem Zorn auf die gegenüberliegende Seite der Straße, so dass Mutter und Tochter dann auf unterschiedlichen Straßenseiten dem Kindergarten zustreben. Abgesehen davon, dass sie sich als Mutter vor den Nachbarn erbärmlich schäme, gehe sie nach derartigen Vorfällen schon stark angespannt in ihren Arbeitstag.

Zwar versuche das Kind hin und wieder, die Mutter zu beruhigen: „Mama, ich hab dich doch lieb!" Aber Katharina sagt, dass sie sich insgesamt enorm gestresst fühle und sich in ihrer Hilflosigkeit beziehungsweise Ohnmacht ausmale, wie sich das alles entwickeln soll, wenn Beate in die Pubertät komme. Dabei quäle sie der Gedanke, ihr könne eines Tages alles außer Kontrolle geraten.

Es steht also die Frage im Raum: Warum erreicht die Mutter das Kind oft nicht? Weshalb widersetzt sich dieses allen Bemühungen und jedem Engagement derart heftig und nachhaltig?

Es sieht nach Böswilligkeit aus. Doch bei Kindern ist aggressiver Widerstand oft nichts anderes als die verhängnisvolle Tarnung einer inneren Blockade. Übrigens verhält es sich im Zusammenleben der Erwachsenen kaum anders. Wir haben es dabei mit einer fatalen, fast automatisch ablaufenden Interaktion zu tun, die insbesondere zwischen Eltern und Kindern makabre Auswüchse treibt. Angepasste Kinder können sich unterordnen. Unangepasste hingegen lassen sich lieber totschlagen, denn sie finden nicht aus der krampfhaften Abwehr heraus.

Die Frage ist deshalb: Ist das Kind unerziehbar, oder macht die Mutter einen Fehler, geht von ihr eine Störung aus?

Wenn ja, welchen Fehler macht sie?

Die Rückmeldung der Lerngruppe: das Problem der Mutter

Bereits als sich Katharina in der Gruppe meldet und wissen lässt, dass sie ‚drankommen' und etwas bearbeiten wolle, da sie sich in großer Bedrängnis befinde, regt sich in mir ein eigenartiger Widerstand. „Schon wieder!" denke ich, denn ich spüre einen unangenehmen Druck von ihr ausgehen, ein Druck, der mir schon vorher aufgefallen war. Das erzeugt in mir die Sperre. Eigentlich will ich nicht auf sie eingehen. Dabei komme ich mir unkooperativ vor und schäme mich meiner Gefühlsreaktion.

Wir können hier drei Elemente erkennen, die zu einer Beziehungsstörung gehören: Das Verhalten Katharinas wirkt störend, weil der Druck, der von ihr ausgeht, Abwehr erzeugt. Diese Abwehr blockiert im Gegenüber wiederum automatisch jede Bereitschaft zur Verständigung. Deren unvermeidliche Begleiterscheinung sind schließlich, das kommt als Drittes hinzu, Schuldgefühle.

Am Anfang meiner Tätigkeit hätte ich wohl gedacht, ich sei ein schlechter Gesprächspartner, wenn sich in mir alles sträubt; ich sei ungeeignet für diesen Job. Man kommt sich unmenschlich vor, weil man angesichts echter Not, anstatt sich spontan offen zu machen, abwehrend reagiert – jedenfalls innerlich.

Heute weiß ich, dass meine Reaktion zum Problem gehört, dass sie Teil des Problems ist und für die Einsicht in das Problem von größter Bedeutung.

Ich gebe Katharina Rückmeldung und sage ihr, dass es mir nicht leicht falle, ihr offen zu berichten, wie ich sie erlebe; auch dass ich im Grund nicht auf sie eingehen wolle, ihr das jedoch mitteile, damit wir herausbekommen können, warum es mir mit ihr so ergeht.

Während ich spreche, registriere ich bei anderen in der Gruppe heftiges zustimmendes Nicken. Offensichtlich erleben sie die Situation genauso wie ich. Anschließend äußern sie sich erleichtert über meine Rückmeldung, da sie ihren eigenen inneren Widerstand gegen Katharina zunächst als persönliches Defizit und mangelnde Kooperationsbereitschaft empfunden hatten. Denn es gehört zum Ethos der Gruppen, als Teilnehmende auf die anderen mit derselben Bereitwilligkeit einzugehen, die die anderen einem selbst gegenüber zeigen.

Wenn Sie die Interaktion zwischen Katharina und mir betrachten, erkennen Sie vermutlich ohne große Mühe, dass sich darin jenes Muster wiederholt, das wir bereits von Katharina und ihrer Tochter kennen. Es sieht so aus, als würden in mir als dem Gesprächsgegenüber durch Katharina dieselben Gefühle wachgerufen wie bei ihrer Tochter. Nur dass ich im Unterschied zu dem Kind in der Lage bin, diese Gefühle offen zu legen und außerdem mein Handeln zu kontrollieren – den Widerstand also, anstatt ihn *auszuagieren,* zum Thema mache, ihn *kommuniziere.*

Der Begriff ‚Muster' deutet darauf hin, dass es sich dabei um eine generalisierte Verhaltensweise handelt; das heißt, sie tritt unweigerlich in allen möglichen Situationen auf und wird dadurch zum Verhaltensstil. Tritt sie in der Lerngruppe auf, bedeutet das jedoch für unsere Arbeit eine unschätzbare Chance. Deshalb gebe ich den Gruppenteilnehmern, die sich anfangs vielleicht von ihrer besten Seite zu zeigen bemühen, den Rat: Spart euch diesen Versuch! Begeht alle Fehler, die euch sonst auch unterlaufen! Es ist erfahrungsgemäß ohnehin unmöglich, sie zu kaschieren. Abgesehen davon kann uns nichts Besseres passieren, als dass sie auftreten, denn nur so können wir daran arbeiten und aus ihnen lernen.

Natürlich hätte ich bei meiner Reaktion auf Katharina den inneren Widerstand übergehen und mich als alles verstehender Gesprächspartner geben können. Doch damit wäre eine Möglichkeit vertan gewesen. Bei solch schwierigen Rückmeldungen kann es allerdings nicht darum gehen, dem Gegenüber die eigenen Gefühle sozusagen vor den Latz zu knallen: „Ich habe keine Lust!" oder, um einen heute gängigen Ausdruck zu strapazieren: „null Bock". Vielmehr geht es darum, die Rückmeldung mit einem Beziehungsangebot zu verknüpfen. Konkret gesprochen: „So wirkst du auf mich, und ich möchte mit dir darüber ins Gespräch kommen, damit ich meine abwehrenden Gefühle verstehe."

Im Anschluss an meine Rückmeldung kommen noch weitere Äußerungen aus der Gruppe. Eine Teilnehmerin sagt, sie erlebe Katharina als Mutter ziemlich mächtig, und in der Rolle des Kindes hätte sie wahrscheinlich den Drang, sie ‚herunterzuholen'. Diese Äußerung zeigt eine wichtige Facette der Gefühle und Impulse, die bei der Sechsjährigen vermutlich ausgelöst werden und den Machtkampf zwischen Mutter und Tochter besser verstehen lassen.

Wie die Rückmeldung wirkt

Ich versuche, Katharina zu verdeutlichen und bewusst zu machen, wie sich zwischen uns das häusliche Beziehungsmuster wiederholt. Katharina ist tief erschüttert. Wenn sie sogar beim Gruppenleiter und bei der Gruppe dieselbe Abwehr und Verweigerung hervorruft wie bei ihrem Kind, dann kann sie das schwer abtun und sich nicht mehr nur über die Unerziehbarkeit ihrer Tochter beklagen. So also sieht die Bilanz ihrer Bemühung und ihrer Anstrengung aus – ein niederschmetternder Befund. Der Schmerz darüber ist derart groß, dass sie ihn momentan gar nicht richtig zulassen kann.

Dazu eine Zwischenbemerkung: Wenn jemandem die eigene Ausstrahlung und Wirkung auf andere vor Augen geführt wird, ist das mitunter eine gewaltige Herausforderung für den Betreffenden; deshalb soll diese Rückmeldung optimal vermittelt werden. Der Empfänger der Rückmeldung braucht alle Kraft, dem Gehörten nicht auszuweichen. Eine abwertende und destruktive Rückmeldung würde die Belastung ins Unerträgliche steigern. Max Frisch empfiehlt daher, man solle dem Mitmenschen die Wahrheit hinhalten wie einen Mantel – eine Empfehlung, die offensichtlich das leichtere Hineinschlüpfen ermöglichen will.[2]

Doch die Stunde der Wahrheit ist nicht nur ein Schock, sondern oft der Drehpunkt. So auch hier.

Katharina wirkt in ihrer Erschütterung aufgewühlt, ihr Gesicht wird sehr weich und weiblich, sogar kindlich. Weil plötzlich offenkundig ist, dass all die krampfhafte Anstrengung nichts gebracht hat, bricht diese in sich zusammen – der Moment des Loslassens.

Ich bemerke den Umschwung an meinen Gefühlen: Befand ich mich eben noch in Abwehr, so erlebe ich mich jetzt ganz offen und zugewandt. Mein Widerstand ist wie weggeblasen. Katharina ist ganz und gar authentisch geworden. Ihr Anblick rührt mich an.

Auf diesen Augenblick der Veränderung lebe ich hin, falls ich es für notwendig halte, einem Menschen die Wahrheit über seine Wirkung auf andere zuzumuten, oder die Gruppe dazu veranlasse. Gelingt es mir, die Betreffenden zu erreichen, so dass sie sich spüren können, wird sich mein Gefühl plötzlich verändern. Ist dies der Fall, muss ich das den Betreffenden sofort sagen; nicht nur, um ihnen den Wandel zu verdeutlichen, sondern auch um sie in der vielleicht extrem belastenden Situation zu stützen und aufzufangen.

Nur die Hoffnung auf einen solchen Verlauf rechtfertigt eine derart belastende Rückmeldung.

Ich spiegele Katharina die Veränderung auf differenzierte Weise.

Für mich sind es geradezu gegensätzliche Beziehungsmuster, die ich eben erfahren habe. Beim Ausgangsverhalten springen die Anstrengung und der Druck meines Gegenübers förmlich auf mich über. Das wiederum erzeugt automatisch, ohne mein Dazutun, den Widerstand – ein Automatismus, den ich ebenso wenig zu steuern und zu kontrollieren vermag wie die sechsjährige Beate. Der einzige Unterschied zwischen ihr und mir liegt wie gesagt darin, dass ich den Widerstand nicht auslebe, sondern zur Sprache bringe. So wenig meine Blockierung böswillig ist, sowenig ist es die von Beate. Es handelt sich um automatische Reaktionen.

Die Tochter würde aller Wahrscheinlichkeit nach nicht weniger zugewandt und verständigungsbereit reagieren wie ich, wenn die Mutter entspannt und gelöst wäre.

Die Frage bleibt: Auf welchem Weg kann die Mutter zu dieser entspannten Gelassenheit gelangen? Zugegeben – eine schwierige Frage.

Die große Verbreitung des Problems

Wahrscheinlich ist die beschriebene automatisch ablaufende und fürchterliche Interaktion den meisten Eltern wohl vertraut. Mir jedenfalls ist sie es.

Anna, meine Frau und ich, haben uns seinerzeit im Umgang mit unseren Kindern – fünf Buben – eine Hilfsstrategie zurechtgelegt, die sich nicht schlecht bewährt hat.

Auch wir haben einsehen müssen: Wenn man als Eltern im Zustand großer Erregung und Wut bei den Kindern etwas erreichen will, ruft das in der Regel Widerstand und Blockierung hervor. Die Kinder geraten in dieselbe Verkrampfung wie die Eltern und sind selbst, wenn sie an sich gutwillig sind, außer Stande, dem entgegenzusteuern, eben weil solche Reaktionen nicht vom Willen kontrolliert werden, sondern weitgehend automatisch ablaufen. (So gesehen, ist die alte pädagogische Technik, den kindlichen Willen zu brechen, absurd zu nennen.) Diese pädagogische Anstrengung kann man sich daher schenken. Es ist die reine Kraftvergeudung. Das einzige, was dabei herauskommt, ist das ausgesprochen ‚blöde Gefühl', das einen hinterher befällt und wesentlich von Scham bestimmt ist.

Solche Erfahrungen und Einsichten führten bei uns zu folgender Praxis. Wenn einer von uns beiden sich besonders heftig über eines der Kinder oder über die Kinder ärgerte und Gefahr lief, im Zorn zu handeln, dann hat er oder sie sich erst beim Partner ausgeschimpft und so Dampf abgelassen. Es hat sich gezeigt, dass die Kinder, wenn man in einer besseren Stimmung an sie herantritt, im allgemeinen sehr einfühlend, sogar betroffen und daher kooperativ reagieren und für Vereinbarungen offen sind. (Das schließt natürlich nicht aus, dass man auch mal spontan seinen Zorn äußert).

Angesichts der Kurzlebigkeit kindlicher Entschlüsse halten solche Vereinbarungen nicht ewig und müssen immer wieder neu erwirkt werden. – Aber ist das bei uns Erwachsenen so ganz anders?

Lernziel: Selbstwahrnehmung

Zurück zu unserer Frage: Wie kann Katharina aus dem Zustand der Angespanntheit herausfinden und zur Entspannung kommen?

Die Antwort lautet: durch Selbstwahrnehmung, das heißt, indem sie die Anspannung selbst spüren lernt.

Es erscheint immer wieder wie ein Wunder, dass durch das bewusste, aktive Erleben der *An*spannung die *Ent*spannung eintritt. Bei Katharina vollzieht sich die weitere Entspannung in zwei Phasen. Zuerst mit Hilfe von Körperwahrnehmung, bei der ich sie anleite. Sodann übernimmt Anna – wir führen Gruppensitzungen zu zweit durch und sitzen uns in der Runde gegenüber – das Gespräch und geht mit Katharina in einer Art Imagination in die Lebensgeschichte zurück.

Körperwahrnehmung

Man kann ein Problem auf der Körperebene durcharbeiten. Das hat nicht zuletzt darin seinen Grund, dass sich problematische Haltungen auf die eine oder andere Art im Körper niederschlagen und ausdrücken. Den eigenen Körper differenziert wahrzunehmen ist daher eine äußerst wichtige Form der Selbstwahrnehmung.

Bei Katharina äußert sich die Anspannung in harten Verspannungssträngen, die vom Hinterkopf bis zum Bereich zwischen den Schulterblättern verlaufen. Ich veranlasse sie, die Spannung ganz bewusst zu empfinden. Dadurch verwandeln sich die Stränge in Strahlen, die schließlich in ein angenehmes Strömen übergehen und zur Entspannung führen. Mehrmals fällt Katharina in die Spannung zurück, etwa wenn Ruhe einkehrt und nichts besonderes mehr passiert. Dann fährt sie aus dem Entspannungszustand auf und meint, sie müsse jetzt doch ‚etwas tun'. Ich gebe ihr immer wieder Rückmeldung von meiner Reaktion. Jede innere Anspannung erzeugt auch in mir einen gewissen Spannungspegel, während ich ihre Entspannung genießen kann. So erhält Katharina Gelegenheit, ihre Wahrnehmung für die unterschiedlichen Spannungszustände zu schulen.

Biographische Imagination
Als die körperliche Entspannung erreicht ist, schlägt meine Frau Katharina vor, sich an Fotos aus ihrer Kindheit zu erinnern. Zuerst vergegenwärtigt sie sich ein Foto, auf dem sie als einjähriges Kind erscheint, das fröhlich und offen in die Welt blickt. Dann sieht sie, wie die dreijährige Katharina soviel eigenständige Dynamik entfaltet, dass sie voll Zuversicht sein kann, was die Entwicklung dieses Kindes anbelangt. Schließlich geht die Sechsjährige in Katharinas Phantasie entschlossen ihren Weg – sie darf auf dieses Kind vertrauen, richtig stolz auf es sein.

Im Gespräch erfährt die Gruppe auch, dass die tatsächliche Entwicklung Katharinas anders, nämlich sehr angepasst verlief. Anscheinend phantasiert Katharina einen anderen, besseren Verlauf ihrer Kindheit. Das erfüllt sie einerseits mit Schmerz über die verlorenen Möglichkeiten und mit Neid auf ihre Tochter, die bessere Chancen hat. Auf der anderen Seite wird sie, indem sie Kontakt zur ihrem ‚inneren Kind' aufnimmt und Alternativen durchlebt, zusehends kühner und kreativer. Selbstvertrauen und Stolz erfüllen sie. Außerdem vermag sie ihre Tochter neu zu verstehen.

Im Verlauf dieses Gesprächs stellt sich eine nachhaltige Entspannung ein. Diese positive Wirkung hält die Seminarwoche über an und wird von Katharina immer wieder mit großer Freude festgestellt.

Auf drei Ebenen konnten wir also auf Entspannung hinarbeiten: zuerst auf der Beziehungsachse zwischen Katharina und mir beziehungsweise der Gruppe, sodann auf der Körper- und schließlich der Bildebene.

Natürlich sitzt das Gelernte nicht gleich, aber es ist ein erster Schritt in die richtige Richtung. Jetzt beginnt die Phase der Einübung, die über die nächsten Tage noch in der Gruppe stattfindet und später als ‚Hausaufgabe' weiterläuft .

Was sich verändert

Das geschilderte Beispiel enthält wichtige Hinweise darauf, wie eine Beziehungsstörung zustande kommt und wie sie sich beheben lässt. Eine wesentliche Voraussetzung für Veränderung ist – das wird hier ganz deutlich – die Einsicht in den Konflikt. Der Beziehungskonflikt ist etwas Durchschaubares, kein Irrenhausphänomen. Man kann den ‚Fehler' genau angeben. Die junge Mutter weiß jetzt: Immer wenn ich angespannt bin, muss ich damit rechnen, dass mein Kind blockiert. Oder umgekehrt: Wenn sich mein Kind quer legt, sagt mir das, wie angespannt ich bin.

Das läuft auf ein schlichtes Wahrnehmen und Verstehen der Vorgänge hinaus. Beschuldigungen sind überflüssig und schädlich.

Also nicht: Das Kind ist böse, wenn es sich ständig quer legt, sondern: Es steckt in einem Trotzkrampf, aus dem es selber nicht herausfindet.

Und nicht: Die Mutter versagt, sie tut nicht genug, sondern: sie tut zuviel. Sie soll sich mehr um ihr Wohlbefinden kümmern, damit sie ausgeglichener sein kann und sich dadurch ihre Ängste um das Kind verringern.

Das Beispiel der widerspenstigen Beate führt uns nicht zuletzt eine Tragödie des menschlichen Zusammenlebens vor Augen: Soviel guter Wille und Einsatz – und was für ein erschütterndes Ergebnis!

Tröstlich ist dabei, dass nicht das Engagement das Scheitern bewirkt, sondern ein ‚Fehler', der in diesem Engagement steckt.

Fehler jedoch lassen sich beheben. Also können wir etwas tun.

Das Gespräch in der Gruppe hatte etwa eine halbe Stunde gedauert. Ich war skeptisch, ob sich unser gemeinsames Durcharbeiten des Konflikts zwischen Mutter und Tochter spürbar auswirken würde. Erfahrungsgemäß sind solche Verhaltensmuster in hohem Maß widerstandsfähig gegen Veränderung.

Um so mehr überrascht mich der Bericht Katharinas, als sie nach einigen Monaten wieder in die Lerngruppe kommt. Sie berichtet von zwei Dingen, die sie erstaunt hätten. Zum einen: Es sei ihr bisher trotz ständiger Bitten ihrer Tochter, nicht möglich gewesen, ihr ein Stückchen von ihrem eigenen Garten abzugeben, damit das Kind es bearbeiten kann. Jetzt habe sie das von ganzem Herzen tun können.

Sodann erlebe sie an Beate eine Herzlichkeit, die ihr ganz neu und ungewohnt sei.

Beide Veränderungen sind für mich untrügliche Anzeichen dafür, dass in der Beziehung zwischen Mutter und Tochter wirklich eine Entspannung eingetreten und etwas in Bewegung gekommen ist. Denn weder die eine noch die andere Veränderung ließe sich durch bloße Willensbemühung bewerkstelligen. Sie kommen beide aus der Tiefe des Fühlens und der seelischen Spontaneität.

II. Grundregeln zur Aufhellung von Beziehungsstörungen

Im Gespräch mit Katharina sind bereits einige für das Beziehungslernen bedeutsame Gesichtspunkte in den Blick gekommen. Ich will Ihnen jetzt den theoretischen Hintergrund des Beziehungslernens und der Beziehungstherapie in Thesen vorstellen, die später ausführliche Erörterung finden werden. Mit diesem Vorblick will ich Ihnen einen Schlüssel an die Hand geben, der Sie in das nächste Kapitel hineinführt und Ihnen ermöglicht, es mit Gewinn zu lesen.

Es geht um die Störung von Beziehung und deren Behebung. Was ist es, das ein menschliches Verhalten zu einem störenden macht?

Als Grundregel für unsere Arbeit wird sich diese herausstellen: ***„Wenn etwas stört, wird etwas nicht mitgeteilt, ab-***

***sichtlich oder unabsichtlich, bewusst oder unbewusst.*"** Dass diese Behauptung zutrifft, zeigt sich daran, dass die Störung verschwindet, sobald das Nicht-Gesagte gesagt wird.

Wenden wir uns noch einmal dem Konflikt in dem dargelegten Beispiel zu. Katharina meint, mit ihrer Tochter in ganz ruhigem und freundlichem Ton zu reden. Aber die Tochter antwortet mit Trotz und Blockade, denn die Mutter verschweigt ihre eigene aggressive innere Anspannung. Ja, diese ist ihr gar nicht bewusst.

Warum aber stört ein Verhalten, wenn etwas, das zur Sache gehört, nicht gezeigt wird?

Wegen der ***Unstimmigkeit,*** des *Widerspruchs*, die in dem Augenblick entstehen, da jemand beispielsweise nach außen hin etwas anderes zeigt, als in seinem Inneren tatsächlich vorgeht, sei es, dass der Betreffende dasselbe tarnen will, sei es, dass es ihm gar nicht bewusst ist.

Dennoch stellt sich die Frage: Weshalb reagieren wir mit Missempfindung auf eine solche Unstimmigkeit? Schließlich ist sie häufig ja nicht einmal sichtbar, weil wir bekanntlich nicht in unser Gegenüber hineinschauen können und folglich nur seine Außenseite zu Gesicht bekommen.

Der Grund liegt in der Untäuschbarkeit ***unserer Gefühle.*** Unsere Gefühle sind ***die empfindlichsten Sensoren***, die man sich denken kann; ihnen entgeht keine Unstimmigkeit, und sie widersetzen sich jeglicher Unstimmigkeit; sie verlangen kategorisch nach Stimmigkeit. Daraus ergibt sich eine weitreichende Folgerung: Wir Menschen sind in gewissem Sinne außer Stande, voreinander etwas zu verheimlichen.

Um dieses zunächst rätselhaft erscheinende Phänomen zu begreifen, wollen wir neben der verbalen und der nonverbalen Kommunikation eine weitere Übermittlungsebene annehmen: ***die dritte Sprache***. Ihr Vorhandensein besagt, dass auch das Innere der Menschen miteinander kommuniziert, und zwar nach durchschaubaren Gesetzen –, dass wir also auf die

Gedanken, Gefühle und Absichten unserer Mitmenschen reagieren. Und vor allem dann mit einer Störempfindung antworten, wenn jemand durch das, was er nach außen hin zeigt, uns darüber hinwegtäuschen will, was in seinem Inneren sich abspielt.

Der Störfaktor ‚Unstimmigkeit' zeigt sich in unserem Beispiel ganz deutlich: Die Mutter mag sich noch so freundlich geben, die Tochter reagiert auf das, was die Mutter *fühlt*. Erst als Katharina die Diskrepanz in ihrem Verhalten bewusst wird, kann sich eine Änderung anbahnen. An dieser Stelle erkennen wir, dass ***Selbstwahrnehmung*** beziehungsweise ***Bewusstmachung*** ein entscheidendes Element des Beziehungslernens bildet, ohne das sich nichts bewegt.

Als ein Hauptinstrument der Veränderung wird in dem geschilderten Beispiel die *Rückmeldung* sichtbar – und zwar die Rückmeldung von außen wie auch die von innen. Ich gebe Katharina Rückmeldung über den Druck, den ich aus ihrer Richtung spüre. Dieselbe Botschaft erhält sie jedoch auch von innen, sie bringt ihr die eigene Anspannung zu Bewusstsein. Erst jetzt versteht sie, dass die Blockade der Tochter und ihre eigene Verkrampfung sich *spiegelbildlich* zueinander verhalten, im Grunde also dieselbe Qualität haben.

Eine gelingende Rückmeldung folgt der Formel: ***„Rückmeldung + Beziehungsangebot!"*** Ich bemühe mich also, Katharina meine Empfindungen nicht einfach ‚hinzuknallen', etwa: „Du setzt mich unter Druck! Darauf mag ich nicht eingehen." Vielmehr sage ich: „So und so ergeht es mir momentan im Gespräch mit dir. Ich sage es dir, damit wir gemeinsam herausfinden, warum das so ist, warum sich das zwischen uns abspielt." Eine solche Form des Rückmeldens setzt eine ganz bestimmte Art der Sensibilität voraus, nämlich eine ***‚rückbezügliche' Sensibilität***. Sie verlangt, die Aufmerksamkeit nach beiden Seiten zu richten: *„Ganz bei mir und ganz beim anderen!"* Ich nehme deutlich die von Katharina auf mich ausgehende Störung wahr, aber ich muss gleichzeitig auch Katharina selbst im Blick haben und mich fragen: Wie kann ich diese unangenehme Wahrheit an sie vermitteln, ohne sie mehr als nötig zu belasten? Auch Katharina beginnt nun ihrerseits, nicht nur den trotzigen Widerstand ihrer Tochter zu sehen, sondern auch zu sehen, wie sie diesen mit verursacht, also mit dem Verhalten ihres Gegenübers viel mehr ‚verbandelt' ist, als ihr bislang bewusst war.

Diese Hinweise auf die Grundregeln mögen fürs Erste genügen. Im Lauf der Darstellung werden sich die angesprochenen Zusammenhänge weiter erhellen und ausdifferenzieren, schließlich haben wir es mit der vielleicht komplexesten und rätselhaftesten Sache auf diesem Planeten zu tun.

Zweiter Teil
Die dritte Sprache

I. Verlass dich auf dein Gefühl!

Wir dürfen davon ausgehen gesehen, dass sich unsere Verständigung mit anderen Menschen auf verschiedenen Mitteilungsebenen vollzieht. Da ist zunächst die Sprache der Wörter. Sodann die unermessliche Vielfalt des Ausdrucks von Stimme, Mimik, Gestik. Und schließlich die Ebene der unsichtbaren, unhörbaren Verständigung – die Sprache der Gefühle, Gedanken, Absichten, Gesinnungen. Dass es diese Sprachebene wirklich gibt, erkennen wir daran, dass wir häufig auf das reagieren, was im Inneren unseres Gegenübers vorgeht. Eine Tatsache, die auch wissenschaftlich untersucht und nachgewiesen ist.[1]

„Du weißt sehr wohl, was dir die sterbende Großmutter sagen wollte, aber nicht mehr sagen konnte!"

Es gibt Situationen, in denen die Verständigung Schwierigkeiten bereitet, weil die Wortsprache nicht oder nur eingeschränkt zur Verfügung steht. Denken wir an den Umgang mit Säuglingen und Kleinkindern, mit Kranken, Behinderten oder Sterbenden. Hier ist es – unter anderem – unerlässlich, Sicherheit auf der Ebene der Ausdruckssprache zu gewinnen. Dies ist oft nur möglich, wenn wir gelernt haben oder lernen, uns auf unser Empfinden zu verlassen. Mit Hilfe des Fühlens sind wir in der Lage, die oft uneindeutigen Ausdruckssignale unseres Gegenübers zu verstehen oder auf nicht wahrnehmbare innere Vorgänge bei ihm zu reagieren. Das Fühlen ist gewissermaßen als Sinnesorgan der dritten Sprache zu betrachten.

Situationen, in denen die anderen Mittel des Austauschs nicht oder nur eingeschränkt zur Verfügung stehen, können daher Aufschluss darüber geben, was die dritte Sprache ist und wie sie funktioniert.

Ich habe noch sehr deutlich in Erinnerung, wie ich vor langer Zeit bei der Arbeit mit einer jungen Frau mit einer solchen Situation konfrontiert wurde.

Sie erzählte mir von ihrer Großmutter. Mit ihr verband sie eine tiefe Beziehung, und in ihrer Obhut hatte sie ihre frühe Kindheit hauptsächlich verbracht. Als die Großmutter im Sterben lag, war sie, die Enkelin, vier Jahre alt und mit der Großmutter allein in der Wohnung.

Die junge Frau berichtete mir, dass die Großmutter, kurz bevor sie starb, sich ihr zugewandt habe, um ihr etwas zu sagen. Das sei jedoch nicht mehr möglich gewesen. Sie bedaure es sehr, dass sie diese Botschaft der Großmutter nicht mehr habe hören können.

Da kam mir ganz unwillkürlich in den Sinn, zu ihr zu sagen: „Du weißt sehr wohl, was dir die Großmutter noch sagen wollte. Die Botschaft ist in dir gegenwärtig. Horch ganz einfach in dich hinein!"

Ebenso unmittelbar kam die Antwort: „Ja, ich weiß wirklich, was die Großmutter sagen wollte. Sie wollte mir mitteilen: Kind, ich werde dich beschützen!„

Die junge Frau, von ihren eigenen Worte überrascht, war tief bewegt und glücklich. Sie fühlte sich richtiggehend befreit. Jahrzehntelang hatte sie traurig diese Frage mit sich herumgetragen, in der Annahme, dass sie das, was sie so gerne gewusst hätte, nie erfahren würde, weil die Großmutter unwiderruflich verstummt sei. Und jetzt war ihr die Antwort so rasch zugefallen. Eine Antwort, der sie sich ganz sicher war.

Mich rührte diese späte Verständigung zwischen Großmutter und Enkelin, die gewiss nicht mit Worten stattgefunden hatte, sehr an.

Wie sollen wir uns diesen ‚sprachlosen' Vorgang, bei dem es erst im Nachhinein zu einer Verständigung kam, erklären?

Natürlich handelt es sich keineswegs um einen ‚sprachlosen' Vorgang, wenn man ‚Sprache' im umfassenden Sinn von Verständigung versteht, wie auch immer diese erreicht wird. Die Enkelin war am Ausfall der Wortsprache hängen geblieben. Sie hatte sich auf diese Sprachform festgelegt und dadurch eine andere Verständigung unmöglich gemacht. Der Wechsel auf die Ebene der ‚inneren' Sprache und das Vertrauen in die eigene Intuition erschlossen ihr nun eine Möglichkeit, die erhaltene Botschaft, die sie vorher nicht verstanden hatte, endlich zu verstehen.

Ich war erstaunt, wie rasch das ging und dass es nur einer kleinen Ermunterung bedurfte. Meine Beteiligung bestand lediglich darin, die Aufmerksamkeit der jungen Frau auf den Weg der inneren Verständigung gelenkt und ihr einen kleinen Schubser gegeben zu haben. Das verschaffte ihr den Zugang zu etwas, was sie im Grund längst wusste – und doch auch wieder nicht wusste.

Ich habe den Eindruck, als seien wir Menschen einer Spätkultur so wenig mit solchen Formen des Austausches vertraut, dass wir es kaum wagen, uns auf unser Gefühl und unsere Intuition einzulassen. Hätte es sich um den Angehörigen eines Naturvolkes gehandelt, er hätte wohl sofort verstanden, was die Sterbende zu sagen sich bemühte.

Wahrscheinlich müssen wir diese in uns schlummernden Fähigkeiten zur Kommunikation uns durch Lernen erst aneignen.

Die Devise „Verlass dich auf dein Gefühl!" gewinnt für unsere zwischenmenschliche Beziehung eine Bedeutung, die gar nicht hoch genug eingeschätzt werden kann.

Die Tatsache, dass wir auf etwas reagieren, das wir prinzipiell nicht sehen, hören, beobachten können, bringt erhebliche Probleme mit sich. Denn wir wissen nicht, worauf und warum wir so und so reagieren und erleben unsere Reaktion oftmals als völlig abwegig.

Das hat folgenden Grund: Zum Beziehungsgeschehen gehören nicht nur die äußerlich sichtbaren, sondern ebenso die unsichtbaren inneren Vorgänge der Beziehungspartner. Gerade das, was sich in ihrem Inneren abspielt, bestimmt, was außen in Erscheinung tritt, also das jeweilige Verhalten. Doch ausgerechnet das Innere bleibt uns verborgen.

Uns zeigt sich lediglich ein bestimmter Ausschnitt eines umfassenden Ganzen. Der meist wichtigste Teil liegt außerhalb unseres Blickfeldes. Dadurch kommt es zu Fehleinschätzungen und haarsträubenden Fehlurteilen, die zu mannigfaltigen Beziehungsstörungen führen. Das darf uns nicht wundern. Denn wir beobachten ja ausschließlich den Vordergrund, das, was jemand nach außen hin kundtut, sei es durch Worte, Gesten oder Handeln. Die Darstellung nach außen allerdings – das ist der wesentliche Punkt – hat häufig die Aufgabe, das Innere, wo ja ein bedeutender Teil des Beziehungsvorgangs stattfindet, zu verdecken, zu vertuschen, zu tarnen. Die Folge sind jene Störungen, mit denen wir uns in unserem Beziehungsalltag herumzuschlagen haben.

Ich will nur ein Beispiel herausgreifen: die berühmt-berüchtigte ‚Lappalie'. Gewiss gibt es ‚echte' Lappalien. Aber es gibt auch Lappalien, die nur scheinbar welche sind. Die sind erheblich häufiger, als wir denken.

Nur um diese soll es jetzt gehen.

Das Erscheinungsbild ist bekannt: Auf eine Geringfügigkeit reagieren wir äußerst heftig, sind empört, steigern uns vielleicht in starke Gefühle hinein. Der Vorwurf, wir seien dabei, aus einer Mücke einen Elefanten zu machen, trifft uns tief. Denn bei objektiver Betrachtung der Sachlage müssen wir einräumen, dass es in der Tat eine Lappalie ist, was uns so in Aufruhr versetzt. Wir verstehen uns selber nicht mehr, verstehen die Welt nicht mehr und sind beschämt. Wüssten wir allerdings, was im Inneren unseres Gegenübers vorgeht, würden wir vielleicht zu dem Schluss kommen, dass wir nicht nur ausgesprochen verständlich reagiert haben, sondern dass unsere Reaktion kaum passender hätte sein können.

Setzen wir den Fall, hinter der scheinbar lächerlichen Geringfügigkeit stehen beim Gegenüber abschätzige Gefühle, Vorbehalte, Hintergedanken, Nebenabsichten. Diese laden die Lappalie gewissermaßen ‚energetisch' auf und überlagern sie, so dass die massive Wirkung auf uns völlig verstehbar wird. Hatten wir zuvor lediglich das Beobachtbare, den Vordergrund im Blick, so vervollständigt sich nun das Bild. Wir erkennen den zum Vordergrund gehörenden Hintergrund, das zum Außen passende Innen unseres Gegenübers, aber auch den zu unserer heftigen Reaktion passenden Anlass.

Die ‚Lappalie' steht als Muster für viele Beziehungsvorgänge zwischen Menschen. Das Tragische an diesem Muster ist, dass die meisten Menschen keinen Schlüssel zur Verfügung haben, um solche Störungen ‚aufzuschließen', das heißt verstehbar zu machen, weil sie nie gelernt haben, mit dem nicht sichtbaren Anteil des Beziehungsgeschehens umzugehen.

Im folgenden Kapitel wenden wir uns dem Funktionieren der dritten Sprache zu – dem, wie Denken und Fühlen zusammenhängen, desgleichen die Wahrnehmung und ihre Interpretation; welche Gefahr Deutungen mit sich bringen und wie mit Vorahnungen umzugehen ist. Hier werden die Regeln des zwischenmenschlichen Austauschs erörtert, mit deren Hilfe geschilderte Störungen und Probleme aufgehellt und beseitigt wurden.

Das Beispiel von der jungen Frau und ihrer Großmutter ließe sich vielleicht auch mit Hilfe der Ausdruckssprache erklären. Da die verschiedenen Sprachebenen ineinander greifen, ist die Abgrenzung in manchen Fällen schwierig. Ausdrucks-Wort- und innere Sprache wirken aufs engste zusammen, so dass nicht immer genau auszumachen ist, auf welcher Ebene die Verständigung vor sich geht.

Oft erweist sich die Ausdruckssprache als mehrdeutig, so dass diejenigen, die die Ausdruckssignale empfangen, nicht sicher sind, ob sie sie richtig auffassen. Die Gefühlssicherheit, mit der die junge Frau in dem Beispiel den Sinn einer

Äußerung entschlüsselt hat, lässt vermuten, dass die dritte Sprachebene dabei wesentlich beteiligt war.

Ausschlaggebend für die Beurteilung scheint mir zu sein, dass der Empfänger einer Botschaft präzise auf das reagiert, was im Inneren des Gegenübers vorgeht. Ob die Botschaft nun mehr durch Anteile der Ausdruckssprache oder über das nicht beobachtbare Medium der dritten Sprache übermittelt wird, darf man auf sich beruhen lassen.

II. ... doch das fehlerfreie Denken ist genauso wichtig!

Eine gefährliche Beziehungsfalle: das Deuten

Oft sind Wahrnehmung und Gefühl absolut richtig, aber die Schlussfolgerung ist falsch.

Falsches Denken und falsche Vorstellungen können verheerende Folgen haben, das zeigt sich nicht zuletzt in unserem Beziehungsleben. Daher sind sie auch beim Beziehungslernen ein wichtiges Thema.

Für eine der verbreitetsten Formen falschen Denkens halte ich eine gewisse Art des Deutens. Für den Umgang mit Menschen empfiehlt es sich dringend, beides sauber, ja peinlich zu unterscheiden: auf der einen Seite die Gefühle, die durch unser Gegenüber in uns hervorgerufen werden; auf der anderen Seite die Gedanken, Vorstellungen und Mutmaßungen, die sich aus den Gefühlen entwickeln.

Manche Menschen beweisen ein sicheres Gespür, wenn sie sich auf den ‚ersten Eindruck' oder überhaupt auf ihre Gefühle verlassen. Aber sobald sie den Boden des Fühlens verlassen und beginnen, Schlussfolgerungen zu ziehen, ist größte Vorsicht geboten.

Hier ein Beispiel, das mir die Gefahren dabei eindringlich klar gemacht hat.

Ein junges Paar aus meiner nahen Umgebung. Die beiden waren verlobt und beabsichtigten, bald zu heiraten. Im Freundes- und Bekanntenkreis erzählten sie begeistert von der bevorstehenden Hochzeit und ihren Zukunftsplänen.

Wenn sich ein Paar zusammenfindet, löst es auch in der Umgebung Gefühle aus, weckt Gedanken, Eindrücke und muss daher mit allerhand Reaktionen rechnen. Bei manchen Paaren hat man ein zustimmendes Gefühl. Bei anderen denken nicht zuletzt die Nahestehenden: Um Gottes willen, das kann nicht gut gehen!

Aber zurück zu unserem Paar.

Es war sonderbar. Die Begeisterung der beiden ging der Mitwelt mächtig auf die Nerven. Nicht nur, dass man sich nicht mitfreuen konnte. Das Reden über die Hochzeit wurde von Mal zu Mal lästiger. Nicht nur ich geriet unter Druck, auch selber alles toll finden zu müssen, und konnte es einfach nicht mehr mit anhören. Sobald die beiden den Mund aufmachten, schrumpfte ich innerlich zusammen.

Was wäre näher gelegen, als zu folgern, da stimmt etwas an der Beziehung nicht, mit der Euphorie wird doch wohl ein Defizit kompensiert.

Aber nichts hätte den Sachverhalt mehr verfehlt. Zufällig kannte ich die Beziehung der beiden genauer und schätzte sie als außergewöhnlich lebendig ein. Sie fiel aus dem Rahmen, und ich konnte guten Gewissens sagen: Die beiden werden ihren Weg machen! Die Beziehung – das konnte es also nicht sein.

Die Ursache der Störung, die von den beiden ausging, musste anderswo liegen. Aber ebenso sicher stand fest: Es ging eine Störung von ihnen aus. Alle Elemente der Irritation lagen vor: Das begeisterte Reden über die geplante Hochzeit erzeugte bei den anderen eindeutig Abwehr; sie fühlten sich blockiert, weil sie sich nicht mitfreuen konnten, und hatten folglich fast so etwas wie Schuldgefühle wegen ihrer abwehrenden Haltung gegenüber dem festlichen Anlass. Schließlich konnten sie den Vorgang nicht verstehen.

Was also war des Pudels Kern?

Offensichtlich führte die negative Resonanz aus dem Bekanntenkreis zur Verunsicherung des Paares. So kam es dazu, dass mich der junge Mann fragte, was ich von der Beziehung zwischen ihm und seiner Verlobten halte.

Ich bemühte mich, ihm differenziert zu antworten: dass ich ebenfalls ausgesprochen unangenehm berührt sei, sobald er über die Heirat zu reden beginne, an der Stabilität der Beziehung für mich jedoch kein Zweifel bestehe.

Wir schickten uns an, den Hintergrund der Störung aufzuhellen. Ich fragte ihn, aus welcher Stimmung heraus er so begeistert von der geplanten Hochzeit erzähle, ob es da noch etwas anderes gebe als die Vorfreude im Blick auf die Zukunft.

Jetzt erfuhr ich, was los war. Der junge Mann verriet mir, er und seine Verlobte bekämen im Freundes- und Bekanntenkreis gehäuft kritische Kommentare zu hören. Einmal im Hinblick darauf, dass sie beide kurz zuvor jeweils eine andere Beziehung beendet hatten. Zum anderen, weil es ‚heutzutage' rückständig sei, zu heiraten.

Nun kam für mich Licht in die Angelegenheit. Wenn die beiden von dem erzählten, was ihnen so viel bedeutete, mischte sich in ihre Begeisterung sogleich die Angst vor abwertenden Kommentaren und die Befürchtung, das ihnen Heiligste könnte in den Schmutz gezogen werden.

Gezeigt wurde die Begeisterung, alles andere blieb unsichtbar im Hintergrund, schlug aber per Störung durch.

Als ich mir über den Sachverhalt klargeworden war, erschrak ich richtiggehend: Was könnte in einem solchen Fall alles passieren? Hätte ich das Paar seine Pläne ausbreiten hören, ohne es näher zu kennen, und hätte ich mich ausschließlich auf mein Gefühl, also die Abwehr gegen das Vorgetragene verlassen – ja, was hätte ich mir bei alledem gedacht? Und wäre ich schließlich nach meiner Meinung zu der Beziehung der beiden gefragt worden – welche Fehleinschätzung hätte da gedroht!

„Verlass dich auf dein Gefühl!" heißt eine der Grundregeln. Das Beispiel zeigt allerdings mehr als deutlich: Wird dieser

Satz gedankenlos – ‚gedankenlos' im wörtlichen Sinne – angewendet, bewirkt er das Gegenteil von dem, was er eigentlich bewirken soll: einen Zusammenhang erhellen. Daher ist der Zusatz: „Aber das fehlerfreie Denken ist genauso wichtig!" absolut unverzichtbar.

Doch was ist ‚fehlerfreies Denken'?

Für den Umgang mit der diagnostischen Grundregel („Wenn etwas stört, wird etwas nicht mitgeteilt") schärfe ich unermüdlich ein: Die Regel behauptet lediglich, *dass* etwas verschwiegen wird, kann aber keinesfalls darüber Auskunft geben, *was* das Verschwiegene ist.

Auf unseren Fall angewendet, heißt das: Wenn das Reden der beiden über die Hochzeit allen auf die Nerven geht, so lässt das keineswegs einen Schluss auf die Qualität ihrer Beziehung zu. Annehmen dürfen wir nur, dass etwas nicht ausgesprochen wird.

Das indessen könnte alles Mögliche sein: dass die beiden neben der starken Verbundenheit auch gewisse Unsicherheiten in ihrer Beziehung empfinden; dass die Freude getrübt ist, weil die Eltern gegen die Verbindung sind; dass berufliche Belastungen ihre Zuversicht dämpfen usw.

Es wäre sogar nicht auszuschließen, dass das Verschweigen von etwas *Positivem* zur störenden Unstimmigkeit führt. Vielleicht getrauen sie sich gegenüber den Freunden nicht, das seltene Glück einer gelingenden Beziehung offen zum Ausdruck zu bringen. Sie erleben die anderen mit ihren ‚Beziehungskisten' und befürchten Neid.

Entscheidend für die Störung ist die Unstimmigkeit, der Widerspruch. Vordergrund und Hintergrund des Verhaltens kommen nicht ganz zur Deckung. „Wenn etwas stört, wird etwas nicht mitgeteilt" besagt somit rein formal, dass etwas fehlt. Der konkrete Inhalt bleibt offen.

In unserem Zusammenleben gibt es Standardreaktionen, denen eine Fehldeutung zugrunde liegt. Jemand hat z. B. eine ungutes Gefühl hinsichtlich der Art, wie sein Gegenüber sich gibt, und sagt: Du meinst es nicht ehrlich. Der Betroffene ist tief verletzt, da er sich nach bestem Wissen und Gewissen ehrlich bemüht. An der Unstimmigkeit, die die Störung auslöst, kann irgend etwas ganz Anderes schuld sein. Weil solche Fehldeutungen ein wahres Übel sind und das Zusammenleben oft belasten, sind Deutungen in der Lerngruppe verpönt. Dort heißt es: Finger weg von Deutungen!

Deutungen sind meist ein Übergriff. Bisweilen arten sie sogar in Frechheit aus.

Gewiss werden wir da und dort eine Deutung wagen. Aber dann müssen wir klar sagen, dass es sich um eine Deutung handelt und den Betroffenen die Freiheit einräumen, sie abzulehnen. Etwa in dem Sinne: Schau, ob du etwas mit dieser Deutung anfangen kannst, wenn nicht, dann verwirf sie!

Vorahnungen – wie damit umgehen?

Manche Menschen haben Vorahnungen und wissen nicht, wie sie sich dazu stellen sollen. Vor allem ‚böse Vorahnungen' lösen unter Umständen Verunsicherungen und Ängste aus. Ich meine, die Regeln der Verständigung können dabei eine Hilfe sein.

Dazu eine Geschichte, die ich mit einer befreundeten Familie erlebt habe.

Die Frau erzählte mir vom letzten Weihnachtsfest. Dieses sei sehr schön verlaufen, weil die ganze Familie zusammengekommen war. Nach dem Fest jedoch seien sie und ihre Tochter traurig geworden, weil sie beide die Ahnung hatten, der Großvater, eine wichtige Person in der Familie, sei zum letzten Mal dabei gewesen. Bei diesem Gedanken hätten sie „eine Runde weinen müssen".

Der Großvater stand in hohem Alter. Er war bislang rüstig gewesen, doch in der letzten Zeit schwächer und hinfälliger geworden.

Während die Frau sprach, merkte ich, dass mir einige der üblichen Sprüche auf der Zunge lagen: Das kann man doch nicht sagen, so etwas soll man doch nicht denken usw. Mir wurde rasch bewusst, warum ich die Frau beschwichtigen wollte: Ihre Trauer kam mich hart an. Immerhin unterließ ich es schließlich, ihr ihre Gefühle ausreden zu wollen.

Mein Trost wäre zwar nicht aus der Luft gegriffen gewesen, denn ich hatte den Eindruck, der Großvater kann noch gut ein oder mehrere Weihnachtsfeste im Kreise der Familie feiern. Wenn die beiden Frauen jedoch solche Vorahnungen hatten, konnte ich das nicht in den Wind schlagen. Schließlich standen sie dem alten Mann näher als ich. Außerdem, woher sollte ich wissen, ob ihr Eindruck oder meiner der Wirklichkeit näherkam?

Als ich mir über dieses Gespräch Gedanken machte, begann ich, einige Dinge genauer zu sehen. Gewiss war die Vorahnung der Frauen ernst zu nehmen. Aber was bedeuteten sie? Welche Gefühle mochten ihnen zugrunde liegen?

Ich vermutete irgendein Empfinden von Bedrohung im Hinblick auf den Großvater. Diese Empfindung interpretierten sie wegen seines hohen Alters und der fortschreitenden Gebrechlichkeit in dem Sinn, dass dies sein letztes Weihnachtsfest gewesen sei.

Jetzt erschien mir der Zusammenhang fasslicher: Die Gefühle der Frauen musste ich akzeptieren; interpretieren ließen sich diese Gefühle indessen ganz unterschiedlich.

Also so: Eine Bedrohung stand im Raum, doch wie sie sich auswirken würde, hatte man offen zu lassen.

Der weitere Verlauf bestätigte meine Zurückhaltung in bezug auf die Interpretation.

Die Familie feiert bis jetzt zusammen mit dem Großvater das Weihnachtsfest.

Aber es ist etwas eingetreten, das tatsächlich bedrohlich war. Wenige Monate nach dem Fest, das die Frau als das letzte betrachtet hatte, erlitt der Großvater einen Schlaganfall. Zwar erholte er sich davon wieder, doch es war ein Einbruch.

Für mich hieß das: Mutter und Tochter hatten mit ihrer Vorahnung auf eine tatsächliche Bedrohung reagiert. Ihr Gefühl war richtig. In der Interpretation dieses an sich richtigen Gefühls hingegen hatten sie sich geirrt.

Auch dieser Vorgang zeigt, welch hohen Grad an Verlässlichkeit Gefühle, sogar in die Zukunft gerichtete Gefühle haben können. Er zeigt aber darüber hinaus, dass die Gefahr besteht, das Gefühl falsch zu deuten und sich mit einer Fehldeutung schwer zu belasten.

Wieder und wieder erlebe ich in meiner Umgebung, wie Menschen mit ihrem Empfinden absolut genau reagieren, aber durch die Art, wie sie mit diesen Empfindungen umgehen, sich in Irrtümer verstricken. Auf der einen Seite steht die oft überraschend präzise Intuition, auf der anderen der fehlerhafte Umgang damit.

Vielleicht ist das der Grund, warum man Menschen mit hoher intuitiver Begabung skeptisch bis ironisch begegnet. Ihre Intuition schließt nicht aus, dass ihnen schwere Fehler unterlaufen. Diese betreffen nicht die Intuition selber, sondern vielmehr die Schlüsse, die sie aus ihren Ahnungen ziehen, also das Denken.

Wie vermitteln sich die Botschaften der dritten Sprache?

Als ich beim Beziehungslernen zunehmend die Erfahrung machte, wie ein Mensch auf die Gedanken, Gefühle, Absichten und Gesinnungen eines anderen reagiert, drängte sich mir die Frage auf: *Über welches Medium geschieht diese Informationsübermittlung?*

Zunächst nahm ich an, dass sie über die Ausdruckssprache laufe. Über sublime Signale, die ‚mit bloßem Auge' nicht mehr fassbar sind – das heißt, zwar de facto über die fünf Außensinne Sehen, Hören usw., aber von diesen selber nicht bewusst wahrgenommen. Da ein anderer Sinn auf die entgegengenommenen Signale sehr deutlich reagierte, nämlich der ‚Innensinn' des Fühlens, müssten diese auch ‚gesendet' worden sein.

Doch es kamen andere Beobachtungen dazu, die mich mehr und mehr nötigten, diese Vorstellung fallenzulassen. So gibt es Informationsübermittlungen zwischen Menschen über große Entfernungen, an denen die fünf Außensinne unmöglich beteiligt sein können.

Es steht außer Zweifel, dass es einen solchen Austausch über große Entfernung ohne technische Hilfsmittel gibt. Während des Krieges konnte man immer wieder hören, dass Mütter auf die Stunde genau wussten, wann ihr Sohn im Feld ums Leben kam. In meinem eigenen Arbeitsfeld höre ich mitunter, wie jemand – Hunderte von Kilometern von seiner Familie entfernt – plötzlich von einem unerklärlichen Schrecken befallen wird, zu Hause anruft und die Nachricht erhält, dass dort im gleichen Augenblick etwas Entsprechendes vorgefallen ist.

Nicht wenigen Menschen, die in Familie, Partnerschaft oder anderen Nahbeziehungen leben, sind solche Phänomene nicht nur vertraut, sondern geradezu selbstverständlich. Sie können sie sich zwar nicht erklären, haben sich aber daran als eine Gegebenheit ihres Lebens gewöhnt.

Infolgedessen musste es neben der nonverbalen Kommunikation des Ausdrucks noch ein anderes, ein *eigenständiges Medium* der Übermittlung geben. Ich vermochte mir zwar nicht vorzustellen, wie es aussieht, aber ich war gehalten, es gewissermaßen anzunehmen, es ‚zu postulieren', um mir z. B. die Interaktion über große Entfernungen hinweg plausibel machen zu können.

Die wortsprachlichen wie auch ausdruckssprachlichen Signale scheiden bei der Frage nach dieser Übermittlung aus, denn die Beziehungspartner sind weit voneinander entfernt. Gibt es vielleicht so etwas wie eine ‚drahtlose' Übermittlung? Wenn das schon in der grobstofflichen Welt der Physik heute selbstverständlich ist, warum sollte nicht die Seele ein Äquivalent dazu besitzen.

Nach langen Überlegungen ziehe ich unter anderem das Medium ‚Beziehung' in Erwägung. Denn Verständigung über große Entfernungen gibt es normalerweise nicht zwischen wildfremden Menschen, sondern zwischen Personen, die sich nahe stehen. Das, was wir ‚Verbundenheit' zwischen Menschen nennen, ist gewiss etwas ganz Reales, auch wenn wir uns schwer tun, es zu beschreiben. Nicht von ungefähr sprechen wir von der ‚gleichen Wellenlänge' oder der ‚gleichen Frequenz'.

Das läuft darauf hinaus, neben den beiden bekannten ‚Kanälen' der Wortsprache und Ausdruckssprache, einen ‚dritten Kanal' anzunehmen. Ja, wollen wir bestimmte Phänomene nicht als völlig irrational und unerklärlich stehen lassen, müssen wir einen solchen ‚dritten' beziehungsweise ‚drahtlosen' Kanal in der Tat postulieren.

Aus den angestellten Überlegungen ergibt sich für mich auch eine neue Fragestellung im Hinblick auf die ‚normale Kommunikation', bei der ein Mensch auf das reagiert, was im Inneren des anderen vorgeht. Läuft das über die ‚drahtlose' Ebene der dritten Sprache, die es ja prinzipiell geben muss, oder mischt sich das mit der Ausdruckssprache? Schließlich: in welchem Verhältnis stehen die beiden Übertragungsebenen zueinander?

Was den praktischen Umgang mit Beziehung angeht, dürfen wir das auf sich beruhen lassen. Die theoretische Erklärung allerdings bleibt offen.

III. Wenn ich die ‚falschen Gefühle' habe ...

Bin ich es, der verrückt spielt, oder sind es die anderen?

Wir hatten Gäste im Haus. Es waren nahe Freunde der Familie. Da ich ein Morgenmensch und dementsprechend ein ‚Abendmuffel' bin, zog ich mich zu gegebener Zeit in mein Zimmer zurück und legte mich zu Bett, um abschließend noch zu lesen.

Von dort aus hörte ich, wie es in der Wohnung lustig zuging. Menschen bewegten sich beschwingt den Flur entlang. Lachen und Kichern in den Räumen. Die Wogen der Fröhlichkeit drangen bis zu mir.

Aber in mir baute sich massiver Ärger, ja Wut auf. Nein, das rührte mitnichten vom Geräuschpegel her. Der hielt sich in Grenzen. Die Wut war einfach da, und ich fand keine Erklärung für meine eigenartige Reaktion. An und für sich freue ich mich, wenn sich Freunde in unserer Wohnung wohl fühlen. Auch gehört eine gewisse Ausgelassenheit durchaus zum Klima des Hauses. Jetzt indessen erschien alles anders. Mir kam das Ganze einschließlich ich mir selber ziemlich absurd vor.

Zwar sind mir derartige Vorkommnisse geläufig. Ich weiß: noch immer hat sich eine Erklärung dafür gefunden, so würde es auch diesmal sein. Das sagt mir allerdings nur mein Kopf. Die Devise: „Stur denken!" bietet lediglich eine ‚erste Hilfe'. Die ärgerliche Stimmung samt der damit einhergehenden Anspannung bleibt. Den Satz auf den Lippen: „Nun bin ich aber neugierig, was da wieder dahinter steckt!" drehte ich mich zur Seite und ließ mich vom Schlaf aus dieser komplizierten Welt wegtragen.

Als ich am nächsten Morgen allein mit Anna, meiner Frau, beim Frühstück saß, erhielt ich die Antwort. Glücklicherweise begann Anna von sich aus, darüber zu sprechen, denn ich hätte mich geniert, mein inneres Szenario vom Vorabend zum Besten zu geben.

Die Sache stellte sich so dar: Am Abend war es zwischen zwei der anwesenden Gäste zu einem Eifersuchtsdrama gekommen. Im Verlauf des Frühstücks erfuhr ich auch die genaueren Hintergründe.

Na also! Das war ein Anlass zum Durchatmen. Ich und meine abseitigen Gefühle waren rehabilitiert.

Die besagte Information hätte ich am Vorabend haben müssen, konnte sie aber nicht haben, weil ich nicht nachgefragt hatte. Zu fragen hatte ich unterlassen, weil mir meine Gefühle fehl am Platz vorgekommen waren.

Die Stimmung aus dem entfernt gelegenen Wohnzimmer war offensichtlich durch die Mauern bis zu mir durchgedrungen. Ich hatte gewissermaßen die Wut der eifersüchtigen Kontrahenten gefühlt, aber nicht gewusst, dass ich deren Wut empfand und diese nicht das geringste mit mir zu tun hatte.

Vielleicht werde ich nie begreifen, weshalb es mich jedes Mal aufs Neue derart schwer ankommt, den Zustand der Unklarheit auszuhalten, obwohl ich schon x-mal erfahren habe, wie er sich auflöst.

Immer wieder sind Menschen verwirrt, wenn sie sich durch ganz harmlose Dinge gestört fühlen. Darüber zu sprechen hieße, eine Hürde überwinden, denn man riskiert, sich lächerlich zu machen.

Im zwischenmenschlichen Zusammenleben gibt es zahllose Situationen, die wir als absurd erleben. Wir verstehen sie nicht, weil sie unser ‚logisches Empfinden' zutiefst verletzen.[2]

Es sieht so aus, als litten wir Menschen unter solchem ‚Widersinn' nicht weniger als unter anderen seelischen oder körperlichen Belastungen. Die Sprache kennt Formulierungen, die das deutlich zum Ausdruck bringen: „Ich zerbreche mir den Kopf über etwas", „Ich zermartere mir das Gehirn", „Ich bin wie vor den Kopf geschlagen".

Eigentlich dürften wir uns nicht wundern, dass wir daran leiden. Schließlich besitzen wir Menschen im Unterschied zu den Tieren einen hoch entwickelten Intellekt. Wenn uns alles andere weh tun kann, warum nicht auch dieses erlesene ‚Organ'?

Wenn körperliche Auffälligkeiten auf uns abstoßend wirken. Was ich mit Julia gelernt habe

Ich beschreibe meine gemeinsame Geschichte mit Julia in drei Phasen, die nicht nur Julias Entwicklung, sondern auch die meine illustrieren.

Die erste Phase unserer Beziehung

Aus meiner heutigen Sicht würde ich den Kontakt der Anfangsphase zwischen Julia und mir, was meinen Part betrifft, als einigermaßen stümperhaft bezeichnen. Julia befand sich in den ersten Semestern ihres Studiums. Ich selber war als junger Dozent ziemlich unbeleckt von Kenntnissen und Fertigkeiten der sozialen Kommunikation. Genau genommen gab es dieses Studiengebiet damals noch gar nicht, die Psychologie stand erst kurz vor seiner Entdeckung. So war ich manchen der auftauchenden menschlichen Probleme nicht gewachsen und stand ihnen hilflos gegenüber.

Die Natur hatte Julia stiefmütterlich behandelt. Die junge Frau war hochgewachsen, korpulent und wirkte schwerfällig. Vor allem wurde ihr Gesicht durch eine Hasenscharte entstellt.

Auch ihr Verhalten war wenig dazu angetan, mich für sie einzunehmen. Sobald sie mich auf dem Hochschulgelände erspähte, schoss sie auf mich zu und nahm unter irgendeinem Vorwand – in der Regel waren es ‚Fragen' – Verbindung mit mir auf. Sie klammerte sich auf eine Weise an mich, die mir überaus lästig wurde. Zu allem Überfluss hatte sie eine Zwischenklausur nicht bestanden, so dass sich der für mich wenig erfreuliche Kontakt hinzuziehen drohte.

Mangels anderer Kenntnisse versuchte ich schwierige Situationen mit menschlichem Anstand zu bewältigen, was mal mehr, mal weniger glückte. Aber ich erbrachte meist eher eine Pflichtleistung, als dass ich den Menschen wirkliche Zuwendung angedeihen ließ.

Inzwischen ist das erfreulicherweise anders. Heute weiß ich ganz einfach, dass ein Mensch, sobald er sich authentisch verhält, liebenswert ist, wer immer und wie immer er auch sei. Wenn ich mich eingehender mit einem Menschen abgeben muss, der mir weniger oder nicht liegt, dann setze ich alles daran, dass er zu dieser authentischen Selbstübereinstimmung hinfindet. Das tue ich durchaus auch mir selber zuliebe. Denn ich weiß: Mein Gefühl wird sich verändern, und dann werde ich auch an diesem Kontakt Freude haben.

Nicht nur in mir selber erhob sich immer wieder die Frage, die ich auch von anderen höre: Wie kommt es, dass manche Menschen, die vom Schicksal ohnehin geschlagen sind, sei es durch Hässlichkeit, Entstellung oder irgendeine andere Form der Behinderung, dass solche Menschen, die unser tiefes Mitgefühl erregen müssten, statt dessen Aggression, Ekel, Fluchtreflexe in uns hervorrufen?

Liegt die Abwehr erzeugende Wirkung wirklich an der ursprünglichen Auffälligkeit oder an etwas ganz anderem, an einem ‚Defekt' eigener Art? Und hat dieser vielleicht seine Ursache darin, dass die Kommunikation Behinderter mit der Mitwelt oft von Beginn ihres Lebens an auf gravierende Weise beeinträchtigt war, was die Betreffenden zutiefst verunsicherte und zu unerfreulichen Persönlichkeitsveränderungen führte?

Die zweite Phase

In den letzten Semestern ihres Studiums kam Julia in meine Selbsterfahrungsgruppe. Ich hatte mich inzwischen intensiv mit dem Thema der zwischenmenschlichen Beziehung befasst.

Da saß sie nun auf ihrem Stuhl, meist schweigend und reserviert.

Wie es mir damit erging?

Ich wunderte mich über alles mögliche: Dass ich mich über sie ärgerte, obwohl sie mir doch nichts tat; dass sie in mir Widerwillen hervorrief und Aggressionen in mir hochkamen.

Ein um das andere Mal legte ich mir die Frage vor, wie ich zu solchen Gefühlen käme.

Ich schämte mich, weil ich es genauso hielt wie jene Lehrer in unserer Schulzeit, denen wir es zum Vorwurf machten, wenn sie ‚Lieblinge' hatten. Ich schämte mich, weil ich mit Julia nicht so gerne redete wie mit anderen; schämte mich, weil ich mich zu den anderen viel stärker hingezogen fühlte und andere Frauen erotisch wesentlich anziehender fand als sie. Es war mir peinlich, dass ich sie mehr oder weniger aus Anstand in der Gruppe mitschleppte.

Alles in allem fühlte ich mich meilenweit entfernt von der gern zitierten ‚bedingungslosen Liebe' der großen Pädagogen und der Helden der Menschlichkeit.

Wenn es meine Schuldgefühle zu arg mit mir trieben, konnte ich richtig wütend werden und in meinem geheimen Inneren mit Julia schimpfen: Wie komme ich dazu, dass du mir solche Gefühle machst? Was habe ich dir denn getan? Schließlich bin ja nicht ich an deinem beschissenen Leben schuld!

Man sieht, ein wahres Sammelsurium von negativen Gefühlen und Empfindungen. Aber woher kamen sie?

Das ‚Zusammenspiel' von Schuldgefühlen und daraus entstehenden Aggressionen habe ich häufig beobachtet. Die Ausstrahlung, die von manchen Behinderten ausgeht, macht diese Menschen zum wandelnden Vorwurf an die Welt. Ich kann den Vorwurf verstehen, doch wie soll ich ihm begegnen? Noch heute haftet mir der anklagende Blick einer an und für sich hübschen jungen Frau, die einen Klumpfuß hatte, im Gedächtnis. Die Selbsterfahrungsgruppe, in der sie war, mag wohl zwanzig Jahre her sein. Aber der Eindruck und die Gefühle sind noch so frisch in mir, als wäre es gestern gewesen.

Seitdem habe ich nach und nach begriffen: Es sind nicht der Klumpfuß und nicht die Hasenscharte, die einen Menschen für mich entstellen. Es ist seine Ausstrahlung, seine ‚Botschaft' an mich, sein Vorwurf oder sein Hass auf die Welt.

Die dritte Phase

Als Julia viele Jahre nach ihrem Examen wieder auf mich zukam, um meine Begleitung in Anspruch zu nehmen, überraschte mich, wie gut sie ihren Weg gemacht hatte.

Jetzt stand unsere gemeinsame Arbeit unter neuen Vorzeichen, nicht zuletzt weil ich mich in dem neuen Bereich nunmehr erfahren und sicher fühlte.

Die Gespräche mit ihr in der Selbsterfahrungsgruppe waren sehr eingeschränkt gewesen. Wie schon erwähnt, saß sie hauptsächlich stumm in der Runde und blieb eine Außenseiterin, weil ihre Art den anderen den Zugang zu ihr erschwerte. Ich selber sah in dem sehr begrenzten Rahmen einer Selbsterfahrungsgruppe keine Chance, ihre wirklichen Probleme anzugehen.

Doch allem Anschein nach brachte ihr die Teilnahme an einer solchen Veranstaltung etwas. Erst später erfuhr ich, wie wichtig diese Jahre in der Selbsterfahrungsgruppe für sie waren.

Der Blick hinter die schützende Fassade

Obwohl ich Julia schon lange Zeit kannte, erhielt ich erst jetzt die Chance, hinter ihre schützende Fassade zu schauen. So kam ich in die Lage, meine früheren Gefühle ihr gegenüber zu verstehen.

Mit ihrem Bericht über ihr Leben eröffnete sich mir die entsetzliche Not eines Kindes und einer Jugendlichen. Ihre labile Gesundheit hatte schon als Kind eine ganze Reihe von Krankenhausaufenthalten und Operationen notwendig gemacht. Dieser Leidensweg und ihre körperliche Entstellung ließen sie zur Außenseiterin werden. Ganz zu schweigen von den grausamen Hänseleien durch andere Kinder, die sie wegen der Hasenscharte und der näselnden Stimme verspotteten und nachäfften.

Ich blickte in einen Abgrund seelischer Not und sozialer Isolation.

Julia machte mir jetzt die Arbeit mit ihr insofern leicht, als ich ihr alles sagen durfte. In dieser Hinsicht zeigte sie eine für mich überraschende Belastbarkeit. Vielleicht war es für sie lebenswichtig, endlich einmal klar und differenziert die Wahrheit über ihre soziale Wirkung und Ausstrahlung zu erfahren, zu erfahren, warum andere sich ihr gegenüber so oft ausweichend verhielten. Es fiel mir trotzdem schwer, ihr die Bandbreite meiner Gefühle offenzulegen: meine Aversion und Aggression von Anfang an, meine Schuldgefühle und Distanzierungsimpulse. Die Regel, dass die Rückmeldung stets mit einem Beziehungsangebot zu verbinden ist, war mir dabei eine große Hilfe, denn mich erfüllte ein brennendes Interesse, etwas über die Bedeutung meiner früheren Gefühle zu erfahren; zu erfahren, ob und auf welche Weise diese mit den Gefühlen Julias in Zusammenhang standen.

Für mich bestätigten sich viele Ahnungen und Vermutungen. Julia offenbarte ihre innere Situation. Was jetzt zum Vorschein kam, war alles andere als harmlos. Die Frau, die da vor mir saß, steckte voller Vorwurf und Aggression gegen jene böse Welt, die ihr so übel mitgespielt hatte. Die Wucht dieser negativen Gefühle erfüllte ihr ganzes Wesen, machte ihr Lebensgrundgefühl aus, und diese Wucht traf alle ohne Ansehen der Person.

Obwohl ich mir etwas Ähnliches schon gedacht hatte, war ich überrascht. Und erschüttert darüber, dass ich das erst jetzt erfuhr. Denn das alles war sehr gut getarnt gewesen. Jene junge Frau mit dem Klumpfuß, die ich oben erwähnte, empfand ich als wandelnden Vorwurf. Dieser Vorwurf kam sichtbar und spürbar zum Ausdruck. Von Julia konnte ich das nicht sagen. Und doch hatten meine Gefühle von Anfang an auf das geantwortet, was in ihrem Innern vorging. Jetzt, im nachhinein, erschienen diese Gefühle mir vollkommen logisch, und ich fühlte mich entlastet.

Zu meinem großen Erstaunen stellte ich fest: Als alle diese Dinge klar ausgesprochen waren, hatte ich keinerlei Schwierigkeiten mehr mit Julia. Keine Schwierigkeit, mich in ihre Situation einzufühlen, nicht die geringste Schwierigkeit, Julia anzunehmen.

Im Lichte der gegenseitigen Transparenz wuchs Sympathie, entstand Beziehung.

Wir bekamen sogar zunehmend Spaß an den gemeinsamen Gesprächen. Wenn wir uns über unsere ‚bösen' und ‚schäbigen' Gefühle füreinander und Gedanken übereinander austauschten, die sich meist zum Verwechseln ähnlich waren, konnte es vorkommen, dass wir unisono in schallendes Lachen ausbrachen.

Jedenfalls konnte ich Julia immer mehr schätzen und mögen. Mitunter bemerkte ich an ihr sogar eine erotische Ausstrahlung. Das wunderte mich nicht. Wenn es einer Frau, die in der Gruppe vielleicht ein Randdasein als Mauerblümchen führt, möglich wird, zu ihren Gefühlen vorzudringen und authentisch zu werden, gewinnt sie dadurch oft eine erotische Ausstrahlung, die alle Anwesenden überrascht. Offenbar wird bei manchen die Entfaltung ihrer erotischen Attraktivität durch seelische und soziale Umstände verhindert, die allerdings günstig beeinflusst werden können.

Ich nenne jenen Wendepunkt im Gespräch, an dem ein Mensch zu sich findet und der mitunter plötzlich die Stimmung in der Gruppe verändert, für mich die ‚Geburt des Gesichts ohne Maske'.

Gelegentlich verwickelten sich Julia und ich in die heißesten Diskussionen über Kunst. Julia zeigte dabei sensible Intelligenz. Sie überraschte mich auch auf meinem eigenen Gebiet. In den Selbstwahrnehmungsübungen, die wir regelmäßig durchführten, wurde deutlich, mit welcher Präzision sich ihre ‚innere Stimme' offenbarte und wie genau sie diese wiederzugeben vermochte. Auch gehörten solche Selbstwahrnehmungsübungen in einem Ausmaß zu ihrem Alltag, wie ich das bei keinem meiner anderen Schüler je erlebt habe.

In unseren Gesprächen machte ich auch eine ganze Reihe von Erfahrungen, die mich noch lange beschäftigten. Zum Beispiel bereitete mir die Behinderung Julias prinzipiell kein Problem mehr. Ich sah ohne Irritation in ihr von der Hasenscharte gezeichnetes Gesicht. Je entspannter und intensiver der Kontakt zwischen uns war, desto weniger ‚sah' ich die Andersartigkeit. Wenn ich sie ‚sah', nahm ich das als Signal dafür, dass etwas zwischen uns stand. Sobald es ausgesprochen wurde, löste sich die Irritation auf.

Wenn ich sage, mir habe ihre Behinderung ‚prinzipiell' kein Problem mehr bereitet, so schließt das natürlich die vielen kleinen Schwankungen ein, die Julias augenblickliche Stimmung spiegelten. Besonders wenn sie mal wieder kurzfristig in ihren alten Hass auf die Welt zurückgefallen war.

Diesen Verlauf habe ich oft im Umgang mit Menschen beobachtet, bei denen eine körperliche Schwäche wie Schielen, Hinken oder körperliche Auffälligkeit wie ein dicker Bauch bestehen. Gelingt es, ein gutes Beziehungsklima herzustellen, dann verlieren solche Dinge an Bedeutung. Wenn sie als störend erlebt werden, liegt dem etwas anderes zugrunde, das sich dann an der Äußerlichkeit festmacht. Kommt dieses andere zur Sprache, stört man sich auch nicht mehr an der körperlichen Schwäche oder Auffälligkeit.

Die Probe aufs Exempel – Begegnung beim Kongress
Julia und ich gewannen laufend mehr Sicherheit im Umgang miteinander. Unser Verhältnis konnte man fast schon als kumpelhaft bezeichnen. Das vertrug sich durchaus damit, dass wieder und wieder die alten Schwierigkeiten aufkamen. Doch es gelang uns genauso oft, diese rasch auszuräumen. Beziehungslernen besagt nicht, dass Menschen ihre Macken ablegen, sondern dass sie anders damit umzugehen lernen. Das wird bereits als riesiger Fortschritt und Gewinn empfunden.

Als ich Julia überraschend auf einem Kongress traf, erschrak ich. Vielleicht weniger über sie als über meine Gefühle, genauer gesagt darüber, dass die alten Gefühle erneut auftauchen könnten. Und zwar nicht wegen der Empfindungen selbst, sondern weil ich mich ihrer schämte. Wer hat es schon gern, wenn ihm ein einigermaßen nahestehender Mensch unangenehm und lästig ist.

Meine Befürchtung bewahrheitete sich nur allzu rasch. Die ganze Palette der Gefühle kam wieder zum Vorschein, allerdings in abgeschwächter Form und, was entscheidend war, vor einem neuen gemeinsamen Erfahrungshintergrund.

Ich fühlte mich ‚belästigt', merkte, wie ich gefühlsmäßig abwehrend reagierte, ohne dass ich das hätte verhindern können. Zwar sagte mir mein Kopf wie immer, es gebe sicher einen Grund dafür, dass die alten Regungen wieder auftauchten, aber nichtsdestoweniger waren sie mir peinlich.

Als Julia und ich uns zu einem späteren Zeitpunkt wieder bei der gemeinsamen Arbeit gegenüber saßen, nahm ich allen Mut zusammen und bekannte ihr die mich belastenden ‚Schäbigkeiten'.

Jetzt erfuhr ich, weshalb sie mich noch einmal eingeholt hatten. Julia litt beim Kongress unter den üblichen Kontaktschwierigkeiten. Sie schilderte, wie an einen wichtigen Referenten überhaupt nicht heranzukommen war. Der Guru sei pausenlos von seinem aus Damen sich rekrutierenden ‚Anbetungsgeschwader' umgeben gewesen, was jeden persönlichen Kontakt ausschloss. Wieder seien die alten Wunden in ihr aufgebrochen, habe sich der Ärger über die Ellenbogentüchtigkeit der anderen und über die ganze böse Welt mit Macht Bahn gebrochen. Aller Wahrscheinlichkeit nach hatte ich davon meinen Teil abbekommen.

Diese Information genügte mir. Sofort stellte sich die alte Sicherheit und Vertrautheit wieder ein. Die Auflösung der Probleme gelang also immer rascher – ein untrügliches Zeichen für unseren Lernfortschritt.

Reflexion

In der Begegnung mit Julia habe ich viel gelernt, wurden mir wichtige Einsichten vermittelt. Sie kommen mir vor allem beim Umgang mit Menschen zugute, die aufgrund ihrer Ausstrahlung von ihrer Umgebung abgelehnt und gemieden werden.

Lange Zeit war ich mir wie ein mieser Typ vorgekommen, der nicht über die menschliche Reife verfügt, auch für solche Menschen bedingungslos offen zu sein.

Wichtig war für mich die Erkenntnis, dass man seiner Antipathie gegenüber einem Menschen nicht hilflos ausgeliefert ist, sondern etwas dagegen tun kann. Man muss sich auf den betreffenden Menschen einlassen und: man muss hinter die schützende Fassade schauen.

Ich fragte Julia, warum sie nicht schon viel früher aus sich herausgegangen sei. Hier stieß ich auf bodenlose Angst und Scham. Freilich, das, was die Tarnung verhüllen sollte, war der Hass auf die böse Welt. Und diesen zu zeigen, kann sich eine Behinderte am allerwenigsten leisten. Empfand sie doch bereits ihre Existenz als Zumutung für die Welt. Jetzt auch noch die Wut offen zu legen, hätte für Julia geheißen, die totale Ausstoßung zu riskieren, nachdem Isolation ohnehin schon ihr Stigma war.

In unserem Fall stellte sich heraus, dass jedoch gerade die offene Selbstdarstellung die Erlösung aus dem Gefängnis bringt. Das konnte allerdings erst im Schutzraum einer Gesprächsbeziehung geschehen. Und das war schwierig genug, denn selbst ich als ‚Fachmann' bin lange auf die Tarnung hereingefallen. Und das, obschon ich im Prinzip weiß, was in Beziehungen vor sich geht, und von daher hätte eigentlich imstande sein müssen, meine schlimmen Gefühle einzuordnen: „Wenn etwas stört, wird etwas nicht mitgeteilt." – „Je abstoßender der Vordergrund, um so größer die Not dahinter." – „Wenn ich wüsste, was im anderen vorgeht, würde mich meine Reaktion nicht mehr wundern." – „Dem Augenschein nach verkehrt, in Wirklichkeit spiegelbildlich" ...

Aber Lernen heißt auch Entwicklung. Diese lässt sich nicht willkürlich forcieren. „Alles zu seiner Zeit!" sagt der Volksmund. Julia musste *ihre* Not entsprechend lange aushalten, ich die meine.

Zuletzt möchte ich noch auf etwas hinweisen, das mir zwar nicht erst in der Begegnung mit Julia aufging, aber durch die Erfahrungen mit ihr bestätigt wurde. Für mich ist das eine außerordentlich tröstliche Wahrheit.

Nicht wenige Menschen, die an einem äußeren oder inneren, also unsichtbaren Mangel oder Defekt leiden und genau spüren, dass die Umgebung darauf mit mehr oder weniger irritierendem Verhalten reagiert, geraten in tiefe Unsicherheit und werden von dem Verdacht gequält: *Irgend etwas stimmt nicht an mir.*

Die Mitwelt wiederum erklärt sich ihre Antipathie und Abwehr gegenüber diesen Menschen damit, dass die Natur es eben nicht mit allen gut meine. Die Reaktion, die sie hervorrufen, liege also im ‚Wesen' dieser Menschen begründet, darin, was sie als Grundausstattung mitbekommen beziehungsweise nicht mitbekommen haben. Auch ich ging früher unreflektiert von dieser Annahme aus.

Inzwischen habe ich gelernt, diese Ansicht als schwerwiegenden Irrtum zu betrachten. Wenn das, was an einem Menschen abstößt, tatsächlich ein naturgegebener Defekt wäre, dann ließe sich daran nichts ändern. Mir kam aber im Laufe der Zeit immer deutlicher zu Bewusstsein, *dass es eben gerade nicht das ‚Wesen' des betreffenden Menschen ist, das Abwehr erzeugt, sondern im Gegenteil die Verfrem-*

dung und Deformierung, die seinem ursprünglichen Wesen widerfuhr. Sein ursprünglich angelegtes Wesen durfte vielleicht nie zur Entwicklung kommen. Im ,liebenden Kampf' (Karl Jaspers) und im Bemühen, den wahren Kern einer Person zu entdecken, kann es gelingen, dass sie die für die Entstellung verantwortliche Schutztarnung fallen lässt. Das Weitere ist dann einfach.

Das heißt für mich: Jeder Mensch ist liebenswert. Das gilt jedenfalls ab dem Augenblick, da ich ihn oder sie ,pur' erfahre. Diese Erkenntnis hat für mich inzwischen die Gültigkeit eines Naturgesetzes gewonnen.

Dass wir es dabei mit einem zentralen menschlichen Phänomen zu tun haben, zeigen Märchen. Märchen beschreiben auf die ihnen eigene Weise die Stadien und Stufen der Verwandlung der Missgestalt in die menschliche Gestalt, des hässlichen Tiers in den Königssohn, des Unholds in den Prinzen, des Aschenputtels in die Königstochter. Dieses Gedeihen des Menschen beinhaltet immer auch die Therapie seiner Beziehungen, sozusagen eine ,Beziehungstherapie', weil jede Reifung der Person zugleich ihre Beziehungsfähigkeit stärkt, so wie jede Deformierung der Person ihre Beziehungen verunstaltet.

Bleierne Müdigkeit als Beziehungsphänomen

Wenn wir uns körperlich anstrengen, ist die natürliche Folge, dass wir müde werden. Aber auch seelische Vorgänge ermüden uns. Die meisten Menschen haben schon die Erfahrung gemacht, dass sie in der Früh zerschlagen aufwachen, weil etwas Unangenehmes vor ihnen liegt. Diese Müdigkeit haben sie durch Befürchtungen und Ängste gewissermaßen selbst verursacht.

Im Beziehungsgeschehen ist aber darüber hinaus auch ,fremdverursachte' Müdigkeit zu beobachten. Ein Phänomen, das ich bei meiner Arbeit kennenlernte und zu studieren Gelegenheit hatte.

Was bedeutet, eine Müdigkeit ist ,fremdverursacht'?

Ich bin in einem Gespräch und merke, wie mich bleierne Müdigkeit überkommt, obschon ich in der Nacht gut und genügend geschlafen habe. Oft fällt diese Art von Müdigkeit durch ihre absolute Penetranz auf. Trotz größter Anstrengung vermag ich mich dann kaum wach zu halten, würde am liebsten auf der Stelle in Schlaf versinken, schäme mich aber meiner Verfassung. Ist mir mein Gegenüber nicht interessant genug, liegt mir nichts an ihm?

Es war nicht die Mittagsflaute ...
Zu Beginn meiner Tätigkeit in der Lerngruppe hatte ich ein ‚Müdigkeits'-Erlebnis, bei dem mir wichtige Zusammenhänge aufgingen.

Ich war mit einer Teilnehmerin im Gespräch, als mich eine nahezu unüberwindbare Müdigkeit und ein entsetzliches Schlafbedürfnis überfielen und in die Tiefe meines Sessels drückten. Es war etwa drei Uhr nachmittags – die Zeit meines körperlichen Tiefpunkts. Das wird es sein, dachte ich bei mir

Ein naheliegender Fehler.

Aber da riss es mich plötzlich hoch. Ich war wieder hellwach. Die Teilnehmerin hatte über ihre Gefühle gesprochen, war anscheinend mit sich selber in Kontakt gekommen, während sie vorher davon gesprochen hatte, wie sie sich alles dachte. Im weiteren wurde klar, dass sie aufgrund ihrer Kopflastigkeit enorm angespannt und völlig verkrampft gewesen war. Vermutlich ist diese Anstrengung auf mich übergegangen und hat die besagte Müdigkeitsattacke hervorgerufen.

Die Teilnehmerin war Professorin an der Universität und daher im Hinblick auf ihre berufliche Laufbahn außerordentlich intellektuell orientiert. Es verlangte ihr allen Mut ab, Kontakt zu ihrem Erleben aufzunehmen. Weil Fühlen nicht ging, versuchte sie es zunächst mit dem Kopf.

Seit dieser Zeit wurde mir immer deutlicher, dass in dem Vorgang eine Gesetzmäßigkeit liegt. Heute betrachte ich die bleierne Müdigkeit als wichtiges Signal dafür, was in meinem

Gegenüber vorgeht: dass es sich anstrengt, sich in einem Zustand der Anspannung und Verkrampfung befindet. Natürlich kann die Müdigkeit auch ganz normal in mir entstanden sein. Aber dann hat sie nicht diese lähmende Penetranz. Gelingt es während des Gesprächs, in den Bereich des spontan strömenden Fühlens einzutauchen, ist meine Müdigkeit denn auch wie weggeblasen. Darauf kann ich mich verlassen.

Wenn die bleierne Müdigkeit aufkommt, ist sie wie gesagt meist ein Indiz für das Problem, um das es geht. Oft erweist es sich, dass der betreffende Mensch stark unter Anspannung steht.

Insofern liefert mir das *Signal der bleiernen Müdigkeit ein Suchbild für den Grund der Störung:* die Anspannung. Solange sie anhält, wird auch das Gespräch nichts bringen, und zwar weil die Anspannung die Gefühlswahrnehmung verhindert. Ich muss also zusehen, wie mein Gegenüber aus der Anspannung heraus- und zu entspannter Gelassenheit findet.

War die Frau unfähig zuzuhören?

Der dreijährige Einführungskurs in Beziehungslernen und Beziehungstherapie sieht für das zweite Jahr bestimmte Zweier-Übungen vor. In einer der Übungen wird an der eigenen Biographie gearbeitet. Dabei berichtet der erste Partner über einen Abschnitt seines Lebens, der zweite hört ihm zu.

Bei dieser Übung kann die ungewohnte Ausrichtung der Aufmerksamkeit nach beiden Seiten erlernt werden: „Ganz bei mir und ganz beim anderen!"

Dem Zuhörenden wird eingeschärft, er solle zwar auf den Inhalt des Erzählten achten, aber ebenso aufmerksam verfolgen, wie dieser Inhalt auf ihn wirkt. Ob er sich anstrengen muss, um aufmerksam zuzuhören, ob er sich langweilt, in Verwirrung oder Bedrückung gerät, an bestimmten Stellen hängen bleibt, über die der Berichtende hinweggehen will usw.

Den Wirkungen des Berichts ist häufig mehr Gewicht beizumessen als dem Inhalt, denn die Reaktionen der Zuhörenden führen an die Problemhintergründe heran und sind meist selber Teil des Problems.

Nach der ersten Runde einer solchen Übung gaben zwei Frauen im Plenum Auskunft über ihre Erfahrungen. Diejenige, der die Rolle der Erzählenden zugefallen war, war mittleren Alters und Familienmutter, die Zuhörende eine junge Sozialpädagogin.

Die Zuhörende war ganz enttäuscht über sich selber, denn sie habe dem Gespräch kaum folgen können, weil sie derart müde geworden sei. Ihr kam gar nichts anderes in den Sinn, als sich selber die Schuld daran zu geben.

Ich erklärte den Übenden das Interaktionsphänomen der bleiernen Müdigkeit. Deren Ursache sei meist nicht mangelnde Bereitschaft oder Unfähigkeit, zuzuhören und auch kein Desinteresse am Gegenüber, sondern etwas Wichtiges im Hintergrund, das im bislang Erzählten nicht zum Vorschein kam.

Nach dem zweiten Übungsdurchgang meldeten sich die beiden erneut. Sie schienen ziemlich aufgeregt zu sein. Die Familienmutter berichtete ganz atemlos, sie sei erschrocken und schockiert. Ihr sei zum erstenmal im Leben bewusst geworden, dass sie ihrer Mutter gegenüber nie Liebe empfunden habe. Anscheinend könne sie sich das erst jetzt eingestehen.

Wie zu erwarten, sagte die zuhörende Partnerin diesmal nichts von Müdigkeit.

Die beiden Szenen führten mir vor Augen, dass die herrschenden falschen Vorstellungen vom Beziehungsgeschehen oft unnötige Selbstbezichtigung nach sich ziehen.

Die beiden Szenen unterstreichen auch noch einmal die Bedeutung rückbezüglicher Sensibilität beziehungsweise rückbezüglichen Denkens. Diese veranlassen uns, uns selbst stets auch mit dem Gegenüber in Beziehung zu setzen, vor allem wenn unsere Reaktionen unverständlich und unerklärbar zu sein scheinen. Die Erfahrung hat gezeigt: „Wenn wir wüssten, was im andern vorgeht, würde uns unsere Reaktion nicht mehr wundern." Diese Regel gibt an, in welche Richtung wir zu gehen haben. Gelingt es uns, unser Gegenüber zum Sprechen zu bringen, bewahrt uns das zum einen davor, dass wir uns unsere problematische Reaktion selber ankreiden. Zum anderen intensiviert das gemeinsame Entdecken und Auflösen der Irritation den Kontakt. Wäre die Zuhörende beim Rollenspiel von dieser Erfahrung und Regel ausgegangen, hätte sie sich die Enttäuschung über ihre angebliche Unfähigkeit zum Zuhören erspart.

IV. Wenn ich es bin, der das Gegenüber irritiert

Das Gebot der Fairness

Die Kenntnis der dritten Sprache ist bei der Aufhellung von Konflikthintergründen von unschätzbarem Vorteil. Wenn wir die Funktionsweise dieser Sprache aber wirklich verstanden haben – dass wir auf das reagieren, was im Inneren unseres Gegenübers vorgeht -, dann können wir uns nicht mehr so verhalten wie vorher. Denn natürlich hat auch das, was *wir* fühlen, denken, beabsichtigen, Wirkungen nach außen.

So können wir der Entrüstung über einen Mitmenschen, sobald wir um die inneren Beziehungszusammenhänge wissen, nicht mehr einfach freien Lauf lassen. Wenn wir uns beispielsweise jemand gegenüber allem Anschein nach völlig einwandfrei verhalten oder sogar für ihn eingesetzt haben, er aber ‚daneben' reagiert und sich dadurch ins Unrecht setzt. Auf den ersten Blick betrachtet jedenfalls.

Das Gebot der Fairness hält uns zu einem zweiten Blick an: dem auf uns selber. Dazu, wahrzunehmen, was in unserem Inneren vorgeht. *Gibt es da Vorbehalte, Nebenabsichten, unterschwellige Gefühle, Hintergedanken?* Denn schließlich gilt: Jede Geringfügigkeit kann Wirkungen hervorrufen. Die Selbstwahrnehmung führt unter Umständen dazu, dass sich das Bild sehr rasch verändert. Unser Gegenüber hat genau auf uns reagiert, was ihm indessen verborgen bleibt. Von außen gesehen befindet es sich im Unrecht.

Nunmehr hängt es ausschließlich von unserer Fairness ab, ob wir unser Gegenüber mit der falschen Einschätzung seines Verhaltens sitzen lassen oder den Mut aufbringen, ihm den tatsächlichen Sachverhalt offen zu legen und es dadurch zu entlasten.

Im Beziehungsleben sind solche Entscheidungen an der Tagesordnung. Das Fairness-Gebot einzuhalten verlangt uns daher ständig Mut und Einsatz ab, einerseits. Andererseits werden wir dafür großzügig entlohnt, denn wir erreichen, dass Menschen uns vertrauen. Unser Gegenüber macht die Erfahrung, dass uns die faire Aufhellung eines Konflikts und damit sein Wohl wichtiger sind als unsere eigene vorgebliche Korrektheit.

„Du lässt mich ja nie ausreden!“

Ein Mann erzählt mir voller Entrüstung, wie die Gespräche zwischen ihm und seiner Frau verlaufen. Seine Frau sei zwar ein intelligenter und sehr künstlerischer Mensch, aber im zwischenmenschlichen Umgang verhalte sie sich des öfteren völlig indiskutabel. Sie rede stundenlang auf ihn ein, unfähig, ihre eigene Position zu hinterfragen oder hinterfragen zu lassen. Was das angeht, habe er schon lange resigniert.

Vor kurzem sei von den Kindern die Rede gewesen. Seine Frau sei wieder einmal in einen Monolog verfallen. Er habe eine Redepause abgewartet, um seine Meinung einzubringen. Da sei ihm seine Frau doch tatsächlich ins Wort gefallen und habe ihn angeherrscht: „Du lässt mich ja nie ausreden!“

Über diese bodenlose Unverfrorenheit sei er derart entsetzt gewesen – „da konnte man nur noch platzen.“

Es sah so aus, als sei dieses absurde Muster typisch für den Umgang der beiden Eheleute miteinander.

Ich fragte den Mann, was während der Monologe seiner Frau in ihm selber vorgehe. Zwar teile er meist nicht die Meinung seiner Frau, gestand er mir, aber er schweige dazu, weil er ohnehin keinen Sinn darin sehe, seine Ansicht der ihren entgegenzustellen. Da er ein friedlicher Mensch sei, lasse er sie halt quasseln. Er denke sich dann seinen Teil, empfinde aber oft großen Widerwillen.

Kein Zweifel, die Beziehung der beiden unterlag einer starken Einschränkung. Für mich blieb zwar offen, wie die Frau reagieren würde, wenn sie erführe, was sie bei ihrem Mann bewirkt. Doch darum geht es mir jetzt nicht, es geht nur um den einen Satz: „Du lässt mich ja nie ausreden!"

Ist er so ganz und gar absurd, wie es den Anschein hat? Oder ist – wenn wir den Beziehungsvorgang als Ganzen anschauen – auch etwas daran verständlich?

Beziehen wir mit ein, was sich während des schweigenden Zuhörens im Inneren des Mannes abspielte – seine abschätzigen Gedanken und Gefühle –, *dann hätte die Frau gar nicht präziser auf ihn reagieren können, als sie es mit ihrem Satz tat. Obwohl nichts nach außen drang, mit seinen Gefühlen und Gedanken war der Mann ständig dazwischengegangen, hatte er sie fürwahr nicht ausreden lassen. Und zwar allein dadurch, dass er pausenlos ‚dazwischendachte' und ‚dagegenfühlte'.*

Das war zwar angesichts des ‚Stusses', den die Frau redete, durchaus verständlich, aber auch ihr Satz war unter diesem Blickwinkel nicht mehr absurd, sondern ebenso passend wie seine Gefühle und Gedanken es waren.

Ich möchte noch einmal betonen, dass es mir nicht um die Frage geht, ob das Verhalten der Frau samt ihrem Vorwurf: „Du lässt mich ja nie ausreden!" gerechtfertig ist, sondern darum, ob es logisch ist. Ihr Beziehungsverhalten ist zweifellos äußerst problematisch, aber wenn wir die Interaktion als Ganze betrachten, macht der Satz durchaus einen Sinn. Er spiegelt in der Tat die stille Reaktion des Mannes wider.

Die Entrüstung über ein völlig unerwartetes und daher abwegig erscheinendes Verhalten gehört zum Alltag des Zusammenlebens. Ebenso alltäglich ist, dass dieses abwegig erscheinende Verhalten eigentlich eine Reaktion auf uns selber ist – und mitunter anekdotenreif.

Der unfähige Friseurmeister

Jüngst beklagte sich Anna, meine Frau, als sie vom Friseur kam, darüber, dass er ihr hässliche Stufen ins Haar geschnitten habe. Das sei ihr um so unverständlicher, als sie ausdrücklich den Chef verlangt habe und von diesem bedient worden sei.

Ich fragte sie, was, während der Meister sich an ihrem Kopf zu schaffen machte, in ihr vorgegangen sei, wie sie sich gefühlt habe. Ihre Antwort: *Der Friseur habe eine ausgesprochen unangenehme Ausstrahlung.*

Ein vielsagendes Lächeln zwischen ihr und mir – die Klage verstummte jäh. In diesem Aha-Erlebnis fanden wir rasch zusammen.

Da ich selber nicht vom Fach bin, steht es mir nicht zu, die beruflichen Qualitäten des besagten Friseurmeisters zu beurteilen. Ich weiß nur von mir selber, dass mir die unglaublichsten Fehlleistungen passieren, wenn ich es mit Menschen zu tun habe, die mir nicht gut gesonnen sind.

Die trampelige Krankenschwester

Ein Freund, den ich im Krankenhaus besuchte, erregte sich heftig über die Lieblosigkeit und Ungeschicklichkeit einer Krankenschwester. In der Früh habe sie beim Putzen eine Blumenvase umgestoßen und dabei zertrümmert, und zwar nicht etwa die geschmacklose Vase der Klinik, sondern sein eigenes formschönes Gefäß.

Ich fragte ihn: Wie findest du diese Schwester? Er: Das ist ein Obertrampel und dazu noch mit Pferdegebiss.

Na ja! Wer käme auf ein solches Kompliment hin nicht versehentlich einer Blumenvase zu nahe?

Solche Vorfälle sind natürlich kein ‚Beweis' dafür, dass die von mir behaupteten Interaktionen tatsächlich stattfinden. Nehmen wir sie ganz einfach als Facetten des Beziehungsalltags, sofern wir diesen aus einem bestimmten Blickwinkel betrachten. Schließlich geben wir Menschen durch unsere Ausstrahlung ungewollt weit mehr preis, als uns bewusst wird, ja, als uns lieb sein kann. Und ebenso ungewollt rufen wir Wirkungen hervor.

Auf diese Gefühle im Hintergrund angesprochen zu werden ist unangenehm. Gerade wenn ich dabei bin, mich für einen Sturm der Entrüstung aufzupumpen. Da soll ich mich abbremsen lassen, zur Ordnung rufen und am Ende gar noch Einsicht zeigen?

Weil ich oft genug an mir selber erfahre, wie hart einen ein solches Runterholen ankommt, befleißige ich mich des größten Zartgefühls, wenn ich selber jemand, der zum Sturm der Entrüstung bläst, nach seinen Gefühlen frage.

V. Eine Grammatik der dritten Sprache

Gibt es so, wie es eine ‚höhere Mathematik' gibt, auch eine Art ‚höhere Sprache'? Mitsamt einer dazugehörigen Grammatik, die im umfassenden Sinne den Austausch und das Sprachgeschehen zwischen Menschen regelt, also einschließlich der Gedanken, Gefühle und Absichten? Vieles spricht dafür. In zahlreichen Beispielen wurde die Grammatik der dritten Sprache sichtbar. Ich will versuchen, in einem zusammenfassenden Überblick ihre wesentlichen Elemente und Regeln zu umreißen.

Eine Sprache, ebenso rätselhaft wie logisch

Für Märchen, Mythos, Dichtung und Legende scheint das, was ich als dritte Sprache bezeichne, die selbstverständlichste Sache der Welt zu sein. Die Alten wussten noch sehr wohl, dass Menschen einander durch ihre Gedanken, Gefühle und Absichten zu beeinflussen vermögen.

Die drei Sprachen, die der Mensch gebraucht und in denen er sich bewegt – Wortsprache, Ausdruckssprache, dritte Sprache –, ermöglichen eine geradezu orchestrale Vielfalt des Selbstausdrucks und der Selbstdarstellung. Daher könnte man sagen: *Der Mensch ist die Person gewordene Darstellung seiner selbst.* Eine Unzahl offener und subtiler Signale sagt nicht nur – gewollt oder ungewollt – etwas über den Menschen, der sie aussendet, sondern ergibt zusammengenommen jene bestimmte ‚Ausstrahlung', die ihn letztlich ausmacht.

Da der Mensch ein ‚vielsprachiges' Wesen ist, das seine Botschaften auf ganz unterschiedlichen Ebenen beziehungsweise ‚Kanälen' sendet, steht der ‚Sender' vor dem großen Problem, alle diese Ausdrucksmöglichkeiten sozusagen unter einen Hut zu bringen.

Der einzigartigen Chance der Selbstbekundung steht daher eine riesige Gefahr gegenüber: die Uneindeutigkeit, die Unstimmigkeit, ja noch schlimmer – die Widersprüchlichkeit. So dringt durch den Bruch im Selbstausdruck der Dämon der Störung in die mitmenschliche Welt ein. Nicht nur, wenn ein Mensch sich in seiner Rede widerspricht, verletzt das unser logisches Empfinden. Uns stört auch der Widerspruch zwischen den Worten und Taten eines Menschen, ebenso der Widerspruch im Ausdrucksverhalten, beispielsweise das sogenannte scheiß-freundliche Lächeln, das entgegengesetzte Signale aussendet. Als besonders folgenschwer erweist sich eine Form des Widerspruchs: der Widerspruch zwischen Innen und Außen, zu dessen massiven Varianten die Hinterhältigkeit zählt.

Das Gesicht eines kleinen Kindes wirkt wie ein aufgeschlagenes Buch, in dem wir das, was innen vorgeht, mühelos ablesen können. Hier erleben wir noch alles eindeutig und authentisch: Lachen und Weinen, Schreien und Strampeln.

Doch je mehr sich dieses Kind entwickelt, desto deutlicher differenziert sich gegenüber dem ‚Außen' ein ‚Innen' heraus und damit auch die Möglichkeit, dass die verschiedenen Ebenen auseinanderfallen. Worte und Taten, Wortinhalt und Ausdruck, sichtbarer Vordergrund des Verhaltens und unsichtbarer Hintergrund des Denkens sowie des Fühlens weichen dann oft voneinander ab, treten sogar zueinander in Widerspruch.

Damit beginnt die Gefährdung der zwischenmenschlichen Verständigung. Denn die unterschiedlichen Signale, die jede Äußerung begleiten, werden vom Gegenüber automatisch auf ihre Widerspruchsfreiheit überprüft. Sagen die verschiedenen Signale Unterschiedliches aus, so ist das Gegenüber irritiert. Erscheint außen ein Lächeln, während innen die Angst herrscht, dann haben wir bereits die seltsame Störform eines ‚gequälten Lächelns'. Angesichts der Vielschichtigkeit der Ebenen, auf denen der Austausch stattfindet, wird die Eindeutigkeit einer Aussage daher zur anspruchsvollen Aufgabe.

Der Moment, da der Mensch aus der Privatsphäre seines geheimen Inneren nach außen in die Öffentlichkeit des soziales Raumes, des Miteinander tritt, da er sich im buchstäblichen Sinn des Wortes ‚äußert', ist kritisch. Das Sichäußern ist vielleicht das empfindlichste, heikelste, problematischste Moment dessen, was Menschen ausmacht.[3] Kein anderes Lebewesen ist in solch hohem Maße fähig, ein Innen zu haben, sein Innen vor der Mitwelt zu verbergen, den Raum der eigenen Gedanken, Gefühle, Absichten und Gesinnungen nach außen hin abzuschotten und zu schützen, kein anderes Lebewesen baut in ähnlicher Weise eine Ich-Sphäre auf. Nicht zuletzt darin liegt die Größe und Würde des Menschen. Denn sich für einen anderen zu öffnen, wird so ein Akt seiner Freiheit.

Die Kehrseite dieser Einzigartigkeit: Kein anderes Lebewesen ist in der Lage, seine Umgebung in ähnlich perfekter Weise darüber hinwegzutäuschen, was in diesem ‚geheimen Inneren' sich abspielt. Dem Vorzug steht also eine kaum zu überschätzende Gefahr gegenüber, denn jede Unstimmigkeit erzeugt mit der Notwendigkeit eines Naturgesetzes eine Störung der Verständigung.

Müssen wir uns also ständig bloßstellen, um keine Störung zu erzeugen?

Keinesfalls. Wir können unser Inneres verbergen, ohne unser Gegenüber notwendigerweise zu täuschen. Nur müssen wir erkennen lassen, dass wir etwas verbergen, und ihm deutlich machen: Das will ich für mich behalten. Wir dürfen nicht ‚so tun, als ob' – als ob wir uns zeigten, das aber nicht wirklich tun.

Ein kleines Kind kann gar nicht anders, als sich widerspruchsfrei und authentisch zu verhalten. Bei uns Erwachsenen ist die Unstimmigkeit mehr oder weniger zur zweiten Natur geworden. Nur durch einen mühsamen Lernprozess können wir die ursprüngliche Schlichtheit und Eindeutigkeit der kindlichen Lebensäußerung wieder erlangen – und selbst das lediglich annäherungsweise.

Vielleicht besteht darin der Reifeprozess zur Persönlichkeit. Wie die biologische Menschwerdung nach Aussage der Anthropologen entscheidend mit dem ‚aufrechten Gang' beginnt, so beginnt die seelisch-geistige Menschwerdung vermutlich mit jener ‚Aufrichtigkeit', die in einer authentischen Selbstdarstellung liegt.

Doch wenden wir uns nun der Frage zu, die sich geradezu aufdrängt: Wie kommt es, dass die Uneindeutigkeit, die Unstimmigkeit, der Widerspruch zu einer Hauptquelle aller Beziehungsstörungen werden und wesentlich am Chaos der zwischenmenschlichen Beziehung schuld sind?

Das hat etwas mit der Logik zu tun.

Das Lehrbuch der Logik des griechischen Philosophen Aristoteles, das für zwei Jahrtausende das abendländische Denken bestimmt hat, enthält den berühmten Satz vom Widerspruch: Du sollst nicht dasselbe zugleich behaupten und verneinen!

Ohne die Einhaltung diese Satzes ist jede Kommunikation zwischen Menschen zum Scheitern verurteilt. Der Satz gilt nicht nur für die sprachliche Verständigung. Denn, wie gesagt, uns stört ebenso der Widerspruch zwischen Worten und Taten wie der Widerspruch in der Form der Ausdrucksverfälschung, der Unechtheit, der Widerspruch zwischen Sein und Scheinen, wenn jemand uns durch sein Äußeres darüber hinwegtäuschen will, was wirklich ist.

Auf diesem Hintergrund gelangen wir zu unserer grundlegenden These über das Wesen der Beziehungsstörung: *Das Störende an einem menschlichen Verhalten ist darauf zurückzuführen, dass sich der Betreffende in Widersprüche verwickelt.* Widersprüche im weitesten Sinn verstanden.

Dass diese Behauptung zutrifft, konnten wir an zahlreichen Beispielen erfahren. Eine Störung verschwindet, sobald die Unstimmigkeit behoben wird.

Doch warum erleben wir Menschen jegliche Unstimmigkeit als störend? Zweifellos eine hochinteressante Frage.

Die Musiksprache kennt den Ausdruck ‚absolutes Gehör'. Damit ist die untrügliche Sicherheit für die Lage eines Tons gemeint.

Vergleichbares trifft auf den psychologischen Bereich des Fühlens und Empfindens zu. Jede und jeder von Ihnen besitzt so etwas wie das ‚absolute Gehör', genauer gesagt: den ‚absoluten Sinn für Dissonanzen'. Damit meine ich die Fähigkeit, selbst die geringste Unstimmigkeit wahrzunehmen. Kein Mensch auf der Welt kann Ihnen letztlich etwas vormachen. Diese Fähigkeit wurde vielleicht nicht geschult, aber sie ist da.

Der russische Schriftsteller F.M.Dostojewskij, der auch ein ganz großer Psychologe war, drückt es so aus: „Es gibt nichts Schwereres als Aufrichtigkeit. Wenn der Ton nur um ein Hundertstel falsch ist, kommt sofort eine Dissonanz heraus und danach ein Zerwürfnis."[4]

Unser Fühlen erbringt offensichtlich *zwei großartige Leistungen* – eine *sensorische* und eine *logische:*

Zum einen nimmt es sensorisch Millionen von Informationen auf, die sozusagen nicht über den Kopf laufen – es reagiert auf Gefühle, Gedanken und Absichten der Mitwelt. Zum anderen überprüft es diese Informationen auf ihre Logik und Stimmigkeit; wenn sie sich widersprechen, sagt es ganz schlicht: „Stört!" Und die Störempfindung tritt auf.

Das alles geht zum großen Teil unbewusst vor sich und deutet darauf hin, dass unser Fühlen mindestens ebenso scharfsinnig ist wie unser Intellekt.

Aus diesem Sachverhalt ergeben sich Folgerungen. Ich will hier wenigstens eine nennen, von der ich nicht zu sagen wage, ob sie als Vorteil oder als Hindernis zu werten ist.

Wir Menschen sind in gewissem Sinne außerstande, etwas zu verheimlichen. Wir haben nicht die geringste Chance dazu. Nicht, dass wir inhaltlich wüssten, was in unserem Gegenüber vorgeht – es handelt sich keineswegs um Gedankenlesen. Aber wir reagieren auf seine Gefühle, Gedanken und Absichten insofern, als wir sein Verhalten als störend erleben, falls dieses einen Eindruck erwecken will, der nicht stimmt.

Der Widerspruch entsteht einerseits dadurch, dass jemand sich sozusagen *tarnt*, indem er mit dem, was er nach außen hin vorgibt, darüber hinwegtäuscht, was in seinem Inneren vorgeht. Der Widerspruch entsteht aber ebenso durch *Verdrängung*, wenn jemand sich etwa bei seinem Handeln sehr korrekt und moralisch gibt, seine unbewussten Motive jedoch ganz andere sind.

Um die durch Unstimmigkeit entstehende Störung zu beheben, den Widerspruch aufzulösen und sowohl die Tarnung als auch die Verdrängung rückgängig zu machen, strebt das Beziehungslernen unter anderem zwei wichtige Ziele an:

Sich so zeigen, wie man ist.

Sich so wahrnehmen, wie man ist.

Man kann sich nicht authentisch zeigen, wenn man sich nicht wirklich wahrnimmt. Daher steht das Lernziel der Selbstwahrnehmung an erster Stelle. Es geht also um Bewusstheit und Transparenz.

Der Ort des Beziehungslernens in der psychologischen Landschaft der Gegenwart

Wenigstens kurz möchte ich aufzeigen, wie sich Beziehungslernen und Beziehungstherapie in die psychologische Situation der Gegenwart einordnen lassen. Dabei erwähne ich lediglich drei Strömungen, die für dieses Konzept besonders wichtig geworden sind: die Systemlehre, die Tiefenpsychologie und die Verhaltenstherapie.

Die *Systemlehre* vermittelt uns die Einsicht, dass die Gebilde der Wirklichkeit vom Atom bis zum Universum als systemische Ganzheiten zu betrachten sind, in denen jeder Teil mit jedem anderen Teil in Wechselwirkung steht. Diese Einsicht revolutioniert die Psychologie. Indem wir beispielsweise Paare, Klein- und Großgruppen als Systeme auffassen, sind wir imstande, Vorgänge zu begreifen, die zu begreifen wir vor wenigen Jahrzehnten noch außerstande waren. Wie stark diese Wechselbeziehungen sogar unter der Oberfläche der sozialen Vorgänge walten, haben wir in den Beispielen gesehen.

Die Entdeckung des *Unbewussten* durch Sigmund Freud erbringt auch für die Erkenntnis von Beziehungsvorgängen weitreichende Folgen. Da das Bewusstsein lediglich die sprichwörtliche Spitze eines Eisbergs bildet, entstehen schwerwiegende Beziehungsstörungen, wenn Menschen davon ausgehen, nur das, was sie bewusst registrieren, sei vorhanden. Zu schwersten Beziehungsstörungen kommt es auch, wenn wir es mit einem Menschen zu tun haben, der keine Ahnung davon hat, wie aggressiv, dominant, unecht er nach außen hin wirkt, sondern vielmehr davon ausgeht, mit ihm sei alles in bester Ordnung und folglich auch keiner Einsicht zugänglich ist.

Daher rückt die Schulung der Selbstwahrnehmung als eine Art Bewusstseinserweiterung in den Mittelpunkt des Beziehungslernens.

Auch die grundlegende Erkenntnis der *Verhaltenstherapie* hat für das Beziehungslernen allergrößte Bedeutung. Diese Erkenntnis besagt: Wir Menschen lernen in hohem Maße an den Folgen unseres Verhaltens. Erfolg bestärkt ein Verhalten, Misserfolg korrigiert es. Das heißt: *Wir sollen ein Gespür für die Folgewirkungen unseres Verhaltens entwickeln,* sollen uns dafür sensibilisieren zu merken, welche Aktivitäten unserer Entwicklung und damit auch unseren Beziehungen förderlich sind und welche nicht.

Nicht zuletzt fällt der schlichten beziehungstherapeutischen Grundregel: „Wahrnehmen und mitteilen!" die Funktion zu, den Aufbau eines *hochdifferenzierten Feedbacksystems* zu unterstützen. Und zwar sowohl im innerseelischen als auch im sozialen Bereich.

Was heißt das?

Ein *Feedbacksystem im innerseelischen Bereich:* Wir lernen, die Botschaften, die aus uns selber kommen, als Hinweise zur Selbstregelung zu verstehen, sie als unsere ‚innere Stimme', als ‚innere Führung' zu nehmen. Dabei handelt es sich um Botschaften aus dem Fühlen, der Phantasie, dem Körper, seinen Reaktionen und Symptomen.

Ein *Feedbacksystem im sozialen Feld:* Indem uns jemand mitteilt, wie sich unsere Art, uns zu geben, auf ihn und sein Erleben auswirkt, was ihn freut und was ärgert, was sein Selbstgefühl stärkt oder verletzt, was ihn anregt oder lähmt, bekommen wir unschätzbare Signale von außen. Wir erhalten durch diese Spiegelung gleichsam ein ‚Wirkungsbild' unserer Persönlichkeit. Das bedeutet für uns Bestärkung, aber auch, dass unser Selbstbild gegebenenfalls korrigiert wird.

Die Regeln der Grammatik

Wenn wir auf die Beispiele zurückschauen und uns vergegenwärtigen, wie bei der Aufhellung der Störungen vorgegangen wird, können wir eine bestimmte Regelhaftigkeit erkennen. Je mehr die dahinter stehenden Regeln in Fleisch und Blut übergehen, uns zur zweiten Natur werden, um so leichter werden wir es haben, eine Reihe von Beziehungsstörungen im Handumdrehen aufzulösen.

„Verlass dich auf dein Gefühl!" – mit einer wichtigen Ausnahme.
Und: „Setze auf deinen Verstand!"

Aus dem, was wir bisher über die Untäuschbarkeit des menschlichen Wahrnehmens und Fühlens erfahren haben, können wir die Schlussfolgerung ziehen: Verlass dich auf dein Gefühl! Es gibt nichts Logischeres, Sichereres, Zuverlässigeres, Moralischeres als dein Empfinden.

Wenn ich während eines Vortrags die Aufforderung: „Verlass dich auf dein Gefühl!" in den Raum stelle, kann ich die Reaktion schon voraussagen. Nach einer Sekunde des Schrecks und der Faszination schlägt es mir fast wie eine Woge der Entrüstung entgegen: „Ja – aber wo kämen wir da hin!"

Zugegeben, falls jemand diese Ermutigung in den falschen Hals bekommt, kann sie erheblichen Schaden anrichten. Daher soll gesagt werden, wie sie gemeint und wie sie nicht gemeint ist.

Auf unser Gefühl ist kein Verlass, wenn unser ‚wunder Punkt' berührt wird; wahrscheinlich haben wir alle eine Stelle, wo wir ‚überempfindlich' reagieren. Angenommen, jemand ist als Kind und Jugendlicher ständig von seinem Vater unterdrückt, bevormundet, gedemütigt worden, dann wird er später auf jede Art von Autorität vielleicht mit Angst, Widerborstigkeit und Rebellion oder einer anderen Spielart des ‚Autoritätskomplexes' reagieren. Zum Beziehungslernen gehört ganz wesentlich, diesen im wahrsten Sinne neuralgischen Punkt bei sich kennen zu lernen und sich in den entsprechenden Konfliktsituationen bewusst zu machen, dass man eigene Anteile mit ins Spiel bringt. Gefühle verhalten sich ähnlich wie Reflexe. Nun haben uns die berühmten Experimente des Russen Pavlov über den gelernten Reflex die Erkenntnis gebracht, dass Reflexe gezielt veränderbar sind, umprogrammiert und daher auch falsch programmiert werden können. Dasselbe gilt für Gefühle. Nicht selten sind sie durch das Lebensschicksal eines Menschen ‚falsch programmiert'.

Noch etwas Wichtiges: Gefühle sind ein exzellentes Wahrnehmungsinstrument, keine Handlungsaufforderung. Die Devise lautet: „Nicht agieren, sondern kommunizieren!" Es geht *nicht* darum, den Zorn, die Wut, die Enttäuschung auszuleben und dem anderen ins Gesicht zu schleudern oder gar handgreiflich zu werden. Sondern es geht darum, *darüber zu reden*, sich darüber auszutauschen. Das Gegenüber soll eine klare Rückmeldung dahingehend erhalten, welche Wirkung und Empfindung es mit seinem Verhalten bei uns hervorruft. Zwischen dem Ausleben und dem Darübersprechen besteht nicht nur ein qualitativer Unterschied – dazwischen liegen Welten.

Es bleibt die Frage: Wie finden wir heraus, ob die Ursache für eine in uns hervorgerufene Störung – etwa Irritation des

Selbstgefühls oder Hemmung – nicht doch in uns selber liegt? Dafür gibt es ein ziemlich verlässliches Kriterium, und zwar den *Vergleich*. Wir brauchen uns nur zu fragen: Ist es für uns typisch oder eher untypisch, in dieser Situation selbstunsicher und gehemmt zu reagieren? Erleben wir uns sonst sicher und handlungsfähig, dann haben wir Anlass zu vermuten, dass die Ursache der Störung außerhalb von uns liegt.

Natürlich ist es auch möglich, dass eine äußere und eine innere Ursache zusammenspielen. In einer Beziehungsanalyse gelingt es normalerweise, beide Anteile herauszuarbeiten und genau voneinander zu unterscheiden.

„Setze auf deinen Verstand!"

Beim Gefühl darf man nicht stehen bleiben. Tut man das, wird man aus dem Dschungel nicht herausfinden. Denn was machen wir, wenn wir konstatieren, dass uns das Wohlverhalten eines Menschen zur Weißglut bringt, uns dieses Gefühls sicher sind? Da kann uns nur der Verstand weiterhelfen. Er tut es in der Form von Regeln, die eine Orientierung ermöglichen.

„Wenn ich wüsste, was im anderen vorgeht, würde mich nichts mehr wundern!"

Diese Regel, die man grundsätzlich im Hinterkopf haben sollte, kann nicht zuletzt in jenen Beziehungssituationen äußerst hilfreich sein, in denen wir von unseren eigenen Gefühlen befremdet und geschockt sind, weil wir sie für abwegig, ja pervers halten. Sie gibt uns als Wegweiser die Richtung an, in der wir Entlastung finden können. Falls ein klärendes Gespräch zustande kommt, erfahren wir in vielen Fällen, dass wir nicht ‚falsch gefühlt' haben, sondern im Gegenteil mit unserem Gefühl absolut richtig lagen.

„Wenn etwas stört, wird etwas nicht mitgeteilt – absichtlich oder unabsichtlich, bewusst oder unbewusst."

Dieser Satz steht im Zentrum allen Beziehungslernens. Er hat sich als diagnostische Grundregel und als Generalschlüssel bewährt und kann bei der Aufhellung eines Konflikts Wunder wirken; vor allem weil er nicht nur die Ursache des Konflikts angibt – das Nichtmitteilen -, sondern indirekt auch darauf hinweist, was den Konflikt beheben könnte: das Mitteilen.

Wo immer etwas stört, stellt sich also die Frage: Was wird nicht ausgesprochen? Wenn es ausgesprochen wird, muss die Störung weg sein. Verschwindet sie nicht, ist irgend etwas noch nicht gesagt, steht noch etwas aus.

So einfach soll es sein? werden Sie fragen.

Ja, so einfach – und so schwer.

Probieren Sie es aus!

Sie brauchen übrigens die in der diagnostischen Grundregel enthaltene Behauptung keineswegs blind zu glauben. Die Argumentation soll ganz rational voranschreiten, etwa so wie beim wissenschaftlichen Experiment. Dort gibt es zunächst die *Vermutung*, wie ein Sachverhalt aussehen könnte, die sogenannte Hypothese. Sodann die *Voraussage:* Wenn meine Vermutung tatsächlich zutrifft, dann muss – falls ich das und das tue – am Schluss ein ganz bestimmtes Ergebnis herauskommen, das dazu passt. Das Ergebnis *bestätigt oder widerlegt* die Hypothese. Auf unsere Analyse des störenden Beziehungsverhaltens übertragen, besagt die *Vermutung:* In diesem störenden Beziehungsverhalten steckt irgendeine Unstimmigkeit, die dadurch entsteht, dass etwas nicht ausgesprochen wird. Die *Voraussage* lautet: Sobald die Unstimmigkeit behoben, also das Verschwiegene ausgesprochen wird, verschwindet die Störung.

Große Bedeutung gewinnt dabei folgende Feststellung:

Das kleine Wörtchen ‚stört' vermag unterschiedliche Bedeutungen anzunehmen. Die Störung kann sich nämlich in allen wesentlichen Bereichen unserer Persönlichkeit niederschlagen und dort mehr oder weniger massive Schädigungen hervorrufen.

In der Empfindungs-Sphäre, wenn uns – vielleicht aus völlig unerfindlichen Gründen – ein Verhalten auf die Nerven geht;

in der Ich-Sphäre, wenn unser Selbstgefühl in der Weise verletzt ist, dass wir uns klein, minderwertig, entwertet fühlen;

in der Handlungs-Sphäre, sofern unsere Handlungsfähigkeit eine Lähmung oder Blockierung erfährt;

in der Denk-Sphäre, wenn uns eine Situation völlig irrational beziehungsweise absurd vorkommt und wir nichts verstehen.

Die dargelegten Beispiele bestätigen diese schwerwiegende Tatsache.

Daraus leiten wir den wichtigen diagnostischen Grundsatz ab: *Die Beziehungsstörung kann auch in jedem dieser Bereiche unserer Persönlichkeit erkannt werden.*

Wir haben gesehen, wie häufig wir auf die Gedanken, Gefühle und Absichten von Mitmenschen mit Störung reagieren. Falls wir also eine der genannten Irritationen in uns registrieren – im Empfinden, im Selbstgefühl, in der spontanen Handlungsfähigkeit, im Denken -, müssen wir mit der Möglichkeit rechnen, dass eine von außen kommende Störung im Raum steht, selbst wenn wir in unserem Umfeld keinen Anlass dafür entdecken.

Die diagnostische Grundregel gilt natürlich auch in der umgekehrten Richtung: Wenn sich unser Gegenüber durch unser Verhalten gestört, erniedrigt, blockiert, verdummt fühlt, sind wir es, die etwas nicht aussprechen, absichtlich oder unabsichtlich, bewusst oder unbewusst.

Das Gebot der Fairness

Fairness ist vor allem in folgender Situation dringend angezeigt, die jeder und jedem bekannt sein dürfte. Wir haben uns völlig einwandfrei verhalten, uns für den anderen vielleicht sogar nachhaltig engagiert. Dieser jedoch reagiert wider alle Erwartung sehr negativ, so dass spontane Entrüstung in uns hochsteigen will. Denn er benimmt sich in unseren Augen schlichtweg ‚unmöglich', zeigt sich von seiner miesesten Seite.

In einem solchen Augenblick besteht die große Leistung darin, sich die Frage zu stellen: Gibt es in unserem Inneren etwas, worauf der andere geantwortet haben könnte, einen heimlichen Vorbehalt, eine Nebenabsicht, ein unschönes Gefühl, einen Hintergedanken?

Sollten wir diesbezüglich fündig werden, steht die nächste Frage an: Wollen wir sie oder ihn auf dem peinlichen Gefühl, sich daneben benommen zu haben, sitzen lassen oder unser unschuldiges/schuldiges Gegenüber davon befreien? Nur wir sind dazu in der Lage, denn wir sind der einzige Zeuge, der das Gegenüber zu rechtfertigen vermag, indem wir es wissen lassen, was Sache ist und dass es eigentlich ganz logisch reagiert hat.

So geben wir zwar einen strategischen Vorteil preis, werden aber wahrscheinlich reichlich dafür entlohnt, denn wir machen uns für das Gegenüber in hohem Maße vertrauenswürdig.

Wer zu dieser Courage der Fairness fähig ist, praktiziert jedenfalls die ‚Hohe Schule' der Beziehung. Gelegenheit dazu bietet sich im Beziehungsleben übrigens viel häufiger, als man gemeinhin annimmt.

Nun aber noch die Fairness-Regel:

„Wenn du den Eindruck gewinnst, der andere reagiert auf deine geheimen Gedanken, Gefühle oder Absichten und setzt sich damit ins Unrecht, dann lass ihn nicht hängen!"

Ein Geheimtipp für das Konfliktgespräch:

***„Schaut nach innen, vergleicht das, was ihr feststellt, und seht zu, ob da etwas zusammenpasst!"*.**

Ein Hauptfehler bei Konfliktgesprächen: Man bewegt sich auf der Ebene der Argumentation, traktiert Inhalte, betreibt Geschichtsforschung: Dann hast du ..., und dann habe ich ... – und so weiter in infinitum. Und bewegt sich dabei häufig im Kreis, wenn es nicht gelingt, durch einen Kunstgriff die Gesprächsebene zu wechseln. Auf der Ebene der Argumentation findet sich hier der Wutanfall des einen und dort die Lappalie des anderen, der den Wutanfall ausgelöst hat. Beides passt nicht zusammen. Geht man nach innen, dann entdeckt man vielleicht ohne große Mühe überraschend ein Versatzstück, das lückenlos zum Wutanfall passt – vielleicht einen bösen Hintergedanken bei demjenigen, der die Lappalie auf seiner Seite hat.

Oder: die Geste der zuvorkommenden Hilfsbereitschaft auf der einen Seite und die unverständliche Patzigkeit als Antwort darauf auf der anderen wollen partout keinen Reim ergeben. Bezieht man allerdings beim Helfenden die nicht sichtbare Berechnung, seine unterwürfige Angst oder die anbiedernde Überangepasstheit mit ein, so kann der Ärger beim Adressaten seiner Zuwendung durchaus verständlich werden – jedenfalls solange der Hintergrund durch die altruistische Geste getarnt wird.

Eine Schwierigkeit bei der Anwendung dieser wunderbaren Regel: Derjenige, der die Störung verursacht hat, darf sich nicht darauf berufen, dass er beispielsweise in lauterer Absicht handelt, was vielleicht wirklich stimmt. Er muss genau hinschauen und sehen, ob da nicht irgendwo noch ein anderes Motiv steckt, das nicht ganz zum Erscheinungsbild des Helfens passt.

„Spiegelbildlich entgegen allem Augenschein"

Häufig entsprechen die Reaktionen von Menschen einander genau, obschon sie den gegenteiligen Eindruck erwecken – und gerade dadurch entsteht die Störung. Immer wieder höre ich jemand sagen, wenn er einem ihm imponierenden Menschen begegnet: „Dieser Mensch ist so sicher und souverän, dass ich mir neben ihm ganz klein und dumm vorkomme." Das kann schwerlich so zugehen. Echte Sicherheit geht auf andere über. Hinter einer Sicherheit, die sich negativ auf die anderen auswirkt, steht immer eine verborgene Unsicherheit.

Der Schlüsselsatz: „Spiegelbildlichkeit entgegen allem Augenschein" kann einem oft auf die Sprünge helfen und eine gewisse Entlastung bringen, selbst wenn die Störung sich aus irgendwelchen Gründen nicht aufhellen lässt. Schon oft habe ich erst im nachhinein erfahren, dass diese Annahme der Spiegelbildlichkeit bei Störungen exakt zutraf.

„Rückbezügliche Sensibilität: Ganz bei mir und ganz beim anderen!"

Eine tückische Beziehungsfalle sind *Wechselwirkungen,* die nicht als solche erkannt werden. Deren schlimmste Form ist der sogenannte Teufelskreis.

Wir erkennen nicht, dass wir das uns belastende Verhalten des anderen selber verursacht haben. Umgekehrt scheint der andere blind dafür, wie er unsere Aggression gegen ihn provoziert, und gibt sich ungehemmt seiner Empörung hin oder gibt sich als Unschuldslamm, als das arme Opfer.

Wir Menschen sind in unserem Beziehungsverhalten weitaus mehr – oft unter der sichtbaren Oberfläche des Geschehens – miteinander ‚verbandelt', als uns bewusst ist. Daher gilt es, die Aufmerksamkeit in doppelter Richtung zu schulen:

Bei allem, was du tust – äußerlich und innerlich –, achte auf die Wirkung, die du beim anderen hervorrufst, erfrage gegebenenfalls diese Wirkung. Bei allem, was der andere tut, achte darauf, was er in deinem Empfinden bewirkt.

Nicht wenige Menschen sind ideale Zuhörer, doch sie beachten zu wenig, wie stark sie möglicherweise durch das Gespräch gelangweilt, irritiert, unter Druck gesetzt, deprimiert werden. All das sind Störungen. Der Zuhörende versäumt die Gelegenheit, Klarheit zu schaffen, wenn er seine Irritation auf sich beruhen lässt.

Die Elemente des Beziehungslernens werden bei der Ausbildung weitgehend in Zweierübungen angeeignet. Der zuhörende Begleiter bei einer Problembearbeitung lernt sehr sorgfältig darauf zu achten, wie es ihm beim Gespräch ergeht, und alle Störungen anzusprechen.

Diese doppelte Ausrichtung der Aufmerksamkeit, die eine ganz bestimmte Form der Sensibilität, nämlich eine rückbezügliche Sensibilität erzeugt, ist den Lernenden zunächst sehr fremd und erfordert daher ausgiebige Lernbemühung. Es bedarf eben langer Schulung, bis es zur Gewohnheit wird, beides zugleich im Blick zu haben: sich selber und das Gegenüber.

„Rückmeldung + Beziehungsangebot"

Gegenseitiges Rückmelden wird zwar im Zusammenleben von jeher praktiziert, jedoch häufig in einer äußerst schädlichen und destruktiven Form. Dem anderen ‚die Meinung sagen' bedeutet dann soviel wie, ihm ‚den Kopf waschen', ‚die Meinung flüstern' und wie derlei fragwürdige Formen der Rückmeldung heißen.

Auch in diesem Fall gilt wieder: „Nicht agieren, sondern kommunizieren!" Also nicht sagen: „Du langweilst mich mit deinem Gerede!" und dann mit angewiderter Miene zum Fenster hinausschauen. Auch nicht: „Du kommandierst mich ständig herum. Das kannst du mit einem anderen machen!" Die wünschenswerte Alternative folgt dagegen stets dem Schema: So und so fühle ich mich gerade. Ich möchte gerne verstehen, was sich momentan zwischen uns abspielt.

Diese Praxis verlangt allerdings ein Höchstmaß an Selbstdisziplin und Fingerspitzengefühl. Denn uns Menschen liegt das reflexhafte ‚Hinknallen' oft viel näher als das rücksichtsvolle Darübersprechen. Doch wer sie praktiziert, hat ein wunderbares Instrument in seinen Händen, das ihm manch verfahrene Situation aufschließen wird.

„Je abstoßender der Vordergrund, um so größer die Not dahinter"

Ich weiß keinen Fall einer Konfliktaufhellung, bei dem sich das nicht bestätigt hätte. Der Satz gestattet es einem, in manchen Situationen die Notbremse zu ziehen, und zwar dann, wenn uns eine Situation ganz einfach überfordert, weil sie für uns schlicht nicht auszuhalten ist. Es gibt Verhaltensweisen von Menschen, auch von Kindern, die uns nicht nur stören, auf die Palme bringen, sondern die wir als derart aufreizend erleben, dass wir nur noch zum blindwütigen Rundumschlag ansetzen möchten.

Wenn uns diese Faustregel einfällt, kann sie helfen, das Schlimmste zu verhindern, und uns eine neue Sicht eröffnen. Vielleicht ist die in dieser Faustregel wirksame Einstellung und Blickweise sogar dazu angetan, einen Menschen aus seiner Hölle herauszuholen.

Worauf es ankommt: Sachkenntnis und Mut

Die grammatikalischen Regeln der dritten Sprache sind keine Techniken. Beziehung ist nicht machbar. Oberstes Prinzip bleibt die Freiwilligkeit. Darin liegt für uns die Grenze, die vielleicht sehr schmerzliche Grenze. Gefragt, worauf es beim Umgang mit der dritten Sprache besonders ankommt, würde ich zwei Dinge nennen: Sachkenntnis und Mut. Der Mut setzt die Sachkenntnis voraus. Nur wenn wir eine klare Vorstellung von den Dingen haben, dürfen wir bestimmte Risiken eingehen.

Sachkenntnis

Tragisch und verwunderlich ist weniger, wenn Menschen sich von der Paarbeziehung das Paradies erhoffen und dann in ihren Beziehungskisten scheitern. Tragisch und schockierend ist vielmehr, dass viele Menschen hohes Engagement mitbringen, den größten Einsatz leisten, heroische Selbstlosigkeit üben – um dann genauso zu scheitern wie diejenigen, die nur ihren Spaß im Sinn haben.

Beziehung, namentlich Paarbeziehung und Familie, scheint die realistischste, abenteuerlichste, härteste Lebensschule zu sein. Ich kenne keine anspruchsvollere. Schon allein die Unkenntnis hinsichtlich der Wirkung unserer Gedanken, Gefühle und Absichten nach außen kann den Tod einer Beziehung bedeuten, den Ruin einer Familie herbeiführen. Ohne verlässliche Navigationsinstrumente findet man nicht aus dem Konfliktdschungel heraus. Geradezu überdeutlich konnten wir sehen, wie hinter abwegig und absurd erscheinenden Vorgängen eine glasklare Logik waltet.

Mut

Verständigung ist und bleibt ein Abenteuer, das immer wieder ein hohes Maß an Risikobereitschaft verlangt. Wer das nicht wahrhaben will, braucht in der sozialen Arena gar nicht erst anzutreten.

Beim Beziehungslernen erwartet die Gruppenleiter ein ganz spezifisches Berufsrisiko, bei dem dieses Abenteuer besonders drastisch in Erscheinung tritt. Hundertmal erlebte ich – während ich in der Gruppe saß – Beziehungssituationen, die bei mir Gefühle hervorriefen, die mich selber gruselten: Jemand bearbeitet ein für ihn brennendes Problem – ich langweile mich. Jemand steckt in großer Not und appelliert an meine fachliche Kompetenz – in mir baut sich Widerstand gegen Kooperation auf. Jemand weint herzzerreißend – ich empfinde nur Kälte und Gleichgültigkeit. Jemand berichtet von einer für ihn tragischen Situation – ich spüre einen Lachreiz. Fast möchte ich sagen: Wenn das das tägliche Brot der Fachleute ist, wie soll sich da der Ungeübte zurechtfinden?

Hundertmal habe ich den Mutsprung ins Ungewisse gewagt und meine peinlichen Gefühle offengelegt. Meine einzige Sicherheit bestand darin, dass ich, im Bild gesprochen, die ‚Reißleine' meines mir vertrauten Fallschirm zog und mir wieder und wieder vorbetete: Verlass dich auf dein Gefühl! Stur denken! Dein scheinbar deplaziertes, abwegiges Gefühl muss ein Versatzstück beim Gegenüber haben, das alles erklären wird.

Hundertmal habe ich erfahren, wie sich das Ganze in Wohlgefallen auflöst.

Und doch musste ich jedes Mal allen Mut zusammennehmen. Ich werde mich nie daran gewöhnen, die Offenlegung meiner ‚abwegigen' Gefühle wird mir nie locker von der Hand gehen.

Vielleicht hat es auch seine Richtigkeit, wenn gewisse Dinge nie zur Routine werden. Möglicherweise begegnet uns hier ein besonders gelungener Kniff der Natur, die Kostbarkeit der zwischenmenschlichen Beziehung zu erhalten und vor der Monotonie des Alltags zu bewahren.

Dazu eine persönliche Bemerkung.

Vor meiner Eheschließung beschäftigte mich ernsthaft die Angst, wenn es Anna und mir gut gehe, wenn wir glücklich seien, dann könnte unsere Beziehung spannungslos, uninteressant, langweilig werden.

Das war einer der größten Irrtümer meines Lebens – allerdings auch einer der schönsten.

Dritter Teil
Die Praxis des Beziehungslernens

I. Erotische Anziehung und Kommunikation

Der Flirt – reizvolles Spiel oder gefährliche Beziehungsfalle?

Im Zentrum der Liebe, jener gewaltigen kosmischen Kraft, „welche die Sonne bewegt und die anderen Sterne" (Dante)[1], steht der Ernst der ihr innewohnenden Totalität und Verbindlichkeit. An ihrer Peripherie hingegen finden wir die spielerischen Formen des Flirts und heiter-beschwingte Unverbindlichkeit.

Das Flirten ist zweifellos eine schöne Sache und bringt einen eigentümlichen Zauber in die Welt des Eros. Jedenfalls solange für die Beteiligten erkennbar bleibt, inwieweit es sich um Spiel oder um Ernst handelt.

Selbst Tiere sind imstande, zu unterscheiden, wann ein Verhalten, dem sie begegnen, spielerischen Charakter hat und wann es Ernst wird.

In der erotischen Kommunikation von Menschen ist hingegen eine ausgedehnte Grauzone zwischen den beiden Polen Ernst und Spiel zu beobachten. Hier herrscht Zwielicht, hier verwischen die Konturen. Der Tarnung kommt dabei eine wichtige Funktion zu; alle Raffinesse wird beim Flirt zur gegenseitigen Täuschung aufgewendet. Ständig stellt sich die Frage: War dieses Kompliment wirklich ernst gemeint, oder soll es dazu dienen, das Gegenüber für die eigenen Zwecke empfänglich zu machen?

Zahlreiche Redewendungen zeigen die Facetten dieses Tändelns zwischen Ernst und Spiel: jemandem schöntun, jemandem den Hof oder Komplimente machen, schmeicheln, jemanden zu etwas verlocken, jemanden berücken, betören, anhimmeln, jemand gegenüber den Kavalier spielen.[2]

Je mehr Tarnung und Täuschung die Oberhand gewinnen, desto schmerzlicher werden die Verletzungen – der Preis der gegenseitigen entwürdigenden Verzerrung.

Wir kennen das Bild des Frauenhelden, des Don Juan, der seine Eroberungen wie Skalps am Gürtel trägt, um damit zu protzen und sein narzisstisches Ich aufzuwerten *(Mozart, Don Giovanni:* „... jedoch in Spanien sind es schon tausenddrei").[3] Aber auch die männerverschlingende Femme fatale praktiziert eine Zerrform des Erotischen.

Zur Veranschaulichung erotischer Kommunikation werde ich ein Gespräch in einer Lerngruppe schildern. Ich wähle es nicht aus, weil dabei sensationelle Dinge passieren würden, sondern weil in seinem Verlauf wesentliche Gesichtspunkte zur Anschauung gelangen: der Unterschied zwischen klarer und unklarer erotischer Kommunikation sowie die unterschiedlichen Folgen, die beides nach sich zieht.

Das Beispiel zeigt eindringlich, dass die schlichte Wahrheit immer noch mehr erbringt als jedes gezielt eingesetzte ‚Kompliment'.

Wenn es in der Lerngruppe knistert

Es handelt sich hier um eine geschlossene, seit Jahren bestehende Lerngruppe aus einer Großstadt des Rheinlandes, die eine Seminarwoche abhält. Im Verlauf dieser Seminarwoche sollen sich die Teilnehmer in der Form der Selbsterfahrung mit den Grundgedanken des Beziehungslernens und der Beziehungstherapie vertraut machen. Der Gruppe gehören Psychologen und Menschen verwandter Berufe an. Die Seminarwoche ist außerdem Teil einer Einführung in die Eheberatung, in die Partner- und Familientherapie.

Die meisten der Teilnehmenden sind um die dreißig Jahre alt, Männer und Frauen, Verheiratete, Geschiedene, Alleinerziehende. Sie haben also durchschnittlich zehn Jahre ‚Erfahrung' hinter sich und kennen folglich die Licht- und Schattenseiten, die Chancen und Grenzen von Ehe, Partnerbeziehung und Familie – begegnen dem Thema Erotik also nicht mit der Naivität und den illusionären Vorstellungen des Anfängers oder der Anfängerin.

Durch die gemeinsame Ausbildungszeit kennen sich die einzelnen schon länger. Es sind naturgemäß Beziehungen entstanden und Spannungen aufgekommen, auch erotische Spannungen.

Anna und ich begleiteten die Seminarwoche als Gruppenleiter und betrachteten es als gutes Zeichen, dass die „gegenseitige erotische Anziehung in der Gruppe" zur Sprache kam. Denn oft ist dieses Thema mehr oder weniger tabu und infolgedessen unbesprechbar.

Auch in diesem Fall kamen die üblichen Ängste rasch zum Vorschein: Um Gottes willen, wo könnte das hinführen! Es sei ja schon schlimm genug, dass erotische Gefühle da sind. Solange sie im stillen gehegt würden, würden sie immerhin kein allzu großes Unheil anrichten. Wenn sie ausgesprochen seien, wenn also jeder vom anderen wüsste, was da alles gefühlt wird, dann müsse das doch brenzlig werden. Ob sie sich denn solche heißen Geschichten leisten könnten? Schließlich stand im Hintergrund die Familie zu Hause, standen feste Bindungen. Mit dem Feuer zu spielen und diese zu gefährden, sei unverantwortlich, zumindest riskant.

In der Gruppe herrschte also eine sonderbar einseitige Vorstellung von der Eigendynamik erotischer Vorgänge. Offenbar fühlte man sich diesen, sobald sie einmal in Gang gekommen waren, hilflos ausgeliefert, so, als hätte man es mit übermächtigen Naturgewalten zu tun, die die Betroffenen zu verschlingen drohten.

Jedenfalls machte es den Eindruck, dass es für die Teilnehmer weniger bedrohlich war, die Decke des Schweigens über das Ganze zu halten, als sich um Offenheit zu bemühen.

Angesichts dessen sahen wir uns als Gruppenleiter veranlasst, uns dazu zu äußern und einige Gesichtspunkte zu bedenken zu geben:

Wer sich der Paararbeit und der Familienarbeit zuwendet, darf nicht mit Schwarz-Weiß-Vorstellungen hantieren. Gewiss bestehen im erotischen Bereich spezielle Gefährdungen – aber gerade deswegen sollte der gelassene Umgang damit erlernt werden. Ein Berater oder Therapeut wird nur soweit fähig sein, gemeinsam mit den Ratsuchenden ihre Ängste zu bearbeiten, als er diese bei sich selber zuzulassen vermag.

In Bezug auf erotische Anziehungen in der Gruppe sagten wir: Nicht der Austausch von Gefühlen bringe die Gefahren und Störungen mit sich – im Gegenteil! –, es sei das Verschweigen, es seien insbesondere die Halbwahrheiten, die Schaden anrichten.

Gerade beim Flirten – eine Spielart des ‚Komplimentemachens' – seien Halbwahrheiten gang und gäbe. Zwar vermitteln wir – verbal oder nonverbal – unserem Gegenüber: „Ich fühle mich von dir angezogen, das und das fasziniert mich an dir", unterlassen es aber geflissentlich, anzufügen und damit die Wahrheit unserer Gefühle zu vervollständigen: „Das und das an dir stößt mich eher ab, zusammenleben mit dir würde ich nie und nimmer wollen."

Man braucht die ganze Wahrheit keineswegs so krass zum Ausdruck zu bringen. Doch das Gegenüber muss wissen, wie es mit uns dran ist. Die Halbwahrheiten erweisen sich als die eigentlichen Fallstricke. Oberflächlich betrachtet dürfen wir uns zwar vielleicht zugute halten, dass wir mit unserem Kompliment nicht lügen, denn das, was wir äußern, stimmt ja. Die Auslassung macht die Halbwahrheit unter Umständen trotzdem zur glatten Lüge, wenn sie dem Gegenüber ein falsches Bild von unserer Einstellung vermittelt.

Warum verhalten wir uns so? Ganz einfach deshalb, weil wir uns sonst um den Erfolg bringen würden – glauben wir. Setzen wir unser Gegenüber in Kenntnis darüber, wie eingeschränkt unsere Zuwendung ist, dann riskieren wir in vielen Fällen wohl eine glatte Abfuhr.

Dabei gehen wir von der unreflektierten Annahme aus, dass die Halbwahrheit ‚es bringe', dass sie die aussichtsreichste

Methode sei. Mit der vollständigen Wahrheit hingegen bringen wir Misserfolg in Verbindung.

Von der Halbwahrheit leben die Charmeure aller Jahrhunderte. Sie gehört zum abgegriffenen Grundmuster der Verführung; es ist die Halbwahrheit, durch die die Verführten von jeher Schaden erleiden oder an der sie gar zugrunde gehen.

Warum aber erliegen sie diesem Muster? – Weil es einen der sensibelsten und wundesten Punkte unserer Existenz trifft: das Selbstgefühl. Das Muster der Verführung beinhaltet die grandiose Aufwertung unseres Selbst, unserer Attraktivität als Mann und als Frau, als Geschlechtspartner.

Deshalb überhört die oder der Umworbene alle falschen Töne der Werbung, ja durchschaut nicht einmal die nackteste Lüge. Die Warn-Sensoren der Selbstwahrnehmung sind außer Kraft gesetzt. Darauf kann der Verführer rechnen. Dostojewskij meint, mit Schmeichelei sei es sogar möglich, eine Vestalin zu Fall zu bringen, also eine Priesterin, für die das Gebot der Jungfräulichkeit gilt.[4]

Anscheinend erfordert es geradezu übermenschliche Kraft, dieser Art von Verführung zu widerstehen: dem Angebetetwerden, der einzigartigen Chance, für jemand zum Inbegriff der Attraktivität zu werden.

Das Schwachwerden hat indessen oft fürchterliche Folgen: statt Aufwertung Absturz des Selbstgefühls, Verletzungen, Erniedrigung, Deformierung.

Dabei steht uns ein fabelhaftes Instrument für die gesunde Selbstregelung der erotischen Kommunikation zur Verfügung – die Beziehungsregel der Transparenz: Sich so wahrnehmen, wie man ist! Sich so zeigen, wie man ist! Meine Frau Anna bezeichnet diese Regel als verlässlichen ‚Feuerlöscher', den wir eigentlich immer zur Hand haben, aber kaum einsetzen, um uns nicht selber um den erhofften Kitzel zu bringen. Wenn nämlich alles zur Sprache kommt, Faszination *und* Abstoßung, Zuneigung *und* Vorbehalt, dann pendeln sich die wechselseitigen Komplimente auf jenes Maß ein, das stimmt. Die heißen Gefühle kühlen sich dann in der Regel ganz von selber auf jene moderate Raumtemperatur ab, die uns veranlasst zu überlegen, ob wir jetzt jemand wirklich weiter umwerben oder von jemand umworben werden wollen.

Immer wieder beobachten wir die erstaunliche Wirkung des ‚Feuerlöschers'. Durchsichtigkeit empfiehlt sich als natürlichstes Mittel, um die exzessiven Wallungen der Erotik zu beruhigen.

Vor dem Einstieg in das Gruppengespräch wird noch einmal eine Regel ins Gedächtnis gerufen, die gerade bei der Rückmeldung über erotische Anziehung zu beachten ist: Keine Du-Botschaften! Denn diese können in dem so sensiblen Bereich besonders verletzend sein. Also: Gib Ich-Botschaften! Die wechselseitige erotische Anziehung ist eine äußerst subjektive Angelegenheit und entbehrt daher ‚objektiver' Bewertungskriterien. „Über Geschmack lässt sich nicht streiten" – eine bereits den alten Römern bekannte Tatsache. Schließlich wissen wir, dieselbe Frau, die der eine Mann beispielsweise als bar jeder erotischen Attraktivität einstuft, heiratet ein anderer – und wird mit ihr glücklich.

„Es würde mich schon brennend interessieren, wie ich als Frau wirke!"

Chantal, alleinerziehende Mutter von zwei Kindern und praktizierende Psychologin, war es, die den Austausch über die gegenseitige erotische Anziehung in der Gruppe angeregt hatte. Jetzt tritt sie in ein Gespräch mit Stefan ein. Dieser arbeitet als Stationsarzt in einer westfälischen Universitätsklinik.

Zunächst geht Chantal von einem aktuellen Konflikt aus, der sie während der eben laufenden Seminarwoche beschäftigt. Es wird nicht deutlich, welchen Inhalt der Konflikt genau hat. Anscheinend geht es um ein bekanntes Muster der Mann-Frau-Beziehung.

Sie, Chantal, habe sich durch Stefan in bezug auf ihren Körper und Geist kategorisiert gefühlt. Sie selber als Person sei da nicht vorgekommen. Diese Feststellung habe in ihr die Frage aufsteigen lassen: „Was denkt der eigentlich über mich?" Das habe sie aber nicht mitgeteilt, weil sie sich genierte, die Frage so direkt zu stellen, und weil sie außerdem Angst vor der Antwort habe.

Anna fasst den augenblicklichen Stand noch einmal zusammen: Chantal wolle also eine klare Auskunft von Stefan haben.

An dieser Stelle schalte ich mich mit einem Hinweis auf eine allgemeine Beziehungsregel ein. Sie lautet: Mach selber den Anfang, wenn die gegenseitige Verständigung eine Offenlegung verlangt! Meine Anregung hat folgenden Grund.

Chantals Frage zu beantworten hieße für Stefan, dass er Farbe bekennen muss, indem er seine Empfindungen gegenüber Chantal offen legt, was bedeuten würde, ziemlich Intimes preiszugeben, sich zu ‚äußern', aus sich heraustreten und sein zu Inkognito lüften.

Das ist viel verlangt.

Gewiss hätte Stefan die Freiheit, sich zu verweigern. Doch Chantal hat, um dem zu begegnen, auch die Möglichkeit, selber den ersten Schritt auf dem Weg des Austausches zu tun. Das würde Stefan wahrscheinlich motivieren, ihrem Beispiel zu folgen und sich seinerseits zu öffnen – freiwillig, denn Freiwilligkeit ist oberstes Gebot.

Wäre die Aufforderung an Stefan im Raum stehen geblieben und hätte er sich von Chantal zur Offenlegung drängen lassen, dann wäre wahrscheinlich nicht allzu viel dabei herausgekommen.

Im Hintergrund meines Vorschlags an Chantal, selber zu beginnen, steht eine eigene Erfahrung. Ich habe den Sinn der dahinterstehenden Beziehungsregel selber erst langsam erfassen müssen. Mir war es von jeher ein Leichtes, Menschen zum Sprechen zu bringen und die Rolle des Zuhörenden zu übernehmen. Ich war darin geradezu Meister und kam mir auch einigermaßen toll vor, zumal in unserer Gesellschaft die Tugend des Zuhörenkönnens hoch geschätzt wird. Allerdings hatte mein Zuhören die mehr oder weniger durchsichtige Funktion, dass ich mich dabei selber um so eher bedeckt halten konnte.

Also gebe ich Chantal die Anregung, ihrerseits Stefan mitzuteilen, was in ihr in bezug auf ihn vorgeht. Chantal nimmt den Vorschlag prompt an und das mit einer Offenheit, die mich aufs höchste überrascht.

Chantal blendet auf die Entwicklung und die Geschichte ihrer beider Beziehung im Zusammenhang der Ausbildungsgruppe zurück. Nach einer anscheinend guten Phase, während der sie sich näher gekommen waren, gab es einen Bruch. Chantal fühlte sich zum einen sehr verletzt, als sie nach der vorher erfahrenen Nähe von Stefan nur noch als Informationsquelle für berufliche Sachfragen benutzt wird. Zum anderen wurde Chantal tief getroffen, als Stefan ihr bei einer Feedback-Runde in der Ausbildungsgruppe sagte, dass er sie als hart erlebe. Doch nach dem Austausch anlässlich eines Gruppengesprächs habe sie den Eindruck gehabt, die Beziehung zwischen ihnen sei wieder besser geworden.

Ich muss an dieser Stelle etwas vorwegnehmen, damit wir den Gehalt der Aussage zu erfassen imstande sind. Stefan wird später, wenn er über seine Einstellung zu Chantal spricht, sie als außergewöhnlich attraktive Person schildern. Im Lichte dieser Aussage zeigt sich erst so richtig, was in der Beziehung zwischen den beiden alles nicht offen war, auch was Stefan verschwiegen hatte. Hätte Chantal um die positive Einstellung Stefans ihr gegenüber gewusst, dann hätte sie manches mit anderen Augen sehen können.

Die beiden hatten sich beispielsweise über den erwähnten Bruch keineswegs verständigt. Außerdem entsprach die versachlichte Haltung Stefans überhaupt nicht seinen Gefühlen für Chantal. Schließlich kam in dem Feedback von der angeblichen Härte im Wesen Chantals fürwahr nur die halbe Wahrheit seiner Gefühle zum Ausdruck.

Diese spätere uneingeschränkte Offenlegung zwischen den beiden vor Augen, erkennen wir, wie eingeschränkt der Gesprächsaustausch war, wie einseitig die Rückmeldungen, die verbalen wie die nonverbalen, die sich im Verhalten zeigten.

Dieser Verlauf verdeutlicht, dass Tarnung in der Form, dass

man das Positive unterschlägt, die gleiche Störung hervorruft, wie wenn man Vorbehalte verschweigt. Die Störung hängt eben nicht primär vom Inhalt ab, sondern von der formalen Tatsache des Widerspruchs: Man gibt sich nach außen hin sachlich und unterkühlt, um die starken positiven Gefühle nicht erkennen zu lassen.

Auch dies hat die übliche Störung mit Verletzungen und Hemmungen zur Folge.

Weil die Rückmeldung von Teilaspekten Schaden stiftet, legen wir als Gruppenleiter bei der Erarbeitung einer Rückmeldung besonderen Nachdruck darauf, die ‚ganze Wahrheit' zu erfragen. Diese kommt meist nicht von allein an den Tag. Denn die Hürden sind für viele Gruppenteilnehmer beachtlich. Auch weiß der Rückmeldende meist gar nicht, wie wichtig es ist, ganz klar zu sein, und dass vielleicht völlig andere Dinge von Bedeutung sind, als er meint. Sobald wir den Eindruck haben, etwas wird zurückgehalten oder der Rückmeldende erkennt nicht, worauf es ankommt, geben wir Anregungen und Ermutigungen, bis alles auf dem Tisch ist, was zur vollständigen Rückmeldung gehört.

Bei den eben beschriebenen Rückmeldungen beobachten wir eine seltsame Verschränkung. Beim Flirten neigen Menschen dazu, nur das Positive auszusprechen, um den Umworbenen zu gewinnen beziehungsweise nicht zu verlieren. Bei Rückmelde-Übungen hingegen legen sie den Akzent eher auf das Negative – wie Stefan es gemacht hat –, weil sie sich möglicherweise nur in diesem Rahmen zubilligen, die problematischen Anteile eines Kontakts anzusprechen.

Die Erarbeitung des vollständigen Feedbacks spielt daher im Gruppengespräch eine wesentliche Rolle.

Chantal Also ich möchte schon gerne spüren, dass ich attraktiv bin. Ich brauche das. Auch dass es jemand sagt.
Ja, im Prinzip würde mich das schon brennend interessieren, wie ich auf Männer wirke. Auch auf Frauen. Ja, beides eigentlich.
Aber vielleicht mehr auf Männer (Lachen in der Gruppe).

Mir fällt jetzt gerade noch mal ein, was du vorher zu mir gesagt hast, Stefan. Es hat mich geärgert. Wir haben dann weitergesprochen, und ich habe es weggesteckt, als wäre nichts gewesen. Und jetzt eben, als wir geredet haben, da kam es wieder von dir, und damit kam auch wieder mein Ärger.
Da stoße ich sicher auf ein Phänomen, wo ich sehr empfindlich bin: für mich das Gefühl zu haben, die Männer kategorisieren mich nach Körper und Geist. Und mich gibt es da sozusagen nicht. Und als ganzen Menschen gibt es mich auch nicht.
Daher habe ich mir in solchen Momenten oft die Frage gestellt: *Was denkt denn der eigentlich über mich? Was hält denn der von mir?*
Ich habe aber irgendwie doch nicht den Mut zu fragen. Einmal, weil es mir schwer fallen würde, so etwas zu fragen. Aber auch, weil ich einfach Angst vor der Antwort habe. Also arbeitet es in mir weiter, und ich merke, ich kann es nicht einfach wegstecken.

Begleiterin Das heißt, es würde dich interessieren, darüber von Stefan mehr zu erfahren, damit du eine klare Auskunft kriegst?

Chantal Ja.

Begleiter Was ihm natürlich leichter fällt, wenn du vorangehst.
Also wenn ich vom anderen etwas derartiges wünsche, dann sollte ich mir immer die Frage stellen: Traue ich mich meinerseits, ihm zu sagen, was ich über ihn denke und wie ich ihn erlebe, was mich an ihm anzieht oder abstößt? Das ist immer der beste Einstieg. Denn du erwartest, dass er aus sich herausgeht – und zwar ohne Rückendeckung. Machst du aber den Anfang, dann gibst du ihm ein Vorbild. Allerdings musst du es dann ihm überlassen, ob er darauf antworten will.
Aber es wäre gut, wenn du dich prüfen würdest, ob du bereit bist, deine Gefühle zu zeigen.

Chantal Das ist vielleicht nicht schwer. Jedenfalls nicht ganz so schwer, weil wir ja in der Selbsterfahrungsgruppe schon darüber gesprochen haben. Nach meiner Erinnerung verhält es sich so: Wir haben uns am Anfang sehr viel ausgetauscht und gut verstanden. Aber plötzlich war ein Bruch da. Ich habe dich dann teilweise sehr verletzend erlebt mir gegenüber und wusste nicht, warum. Ich war nur verletzt. Ich war aber auch nicht in der Lage zu sagen: Du hast mich jetzt verletzt. Na, ich habe es in mich reingefressen und bin von Mal zu Mal empfindlicher geworden und hatte nie den Eindruck, es löst sich auf, bis heute nicht.

Begleiter Magst du sagen, *was* dich verletzt hat? Aber nur, wenn du willst.

Chantal Die Situation, in der wir uns seinerzeit unterhielten, weißt du es du noch?

Stefan Es war in der großen Runde. Ich glaube, es ging darum, dass ich nur sachliche Dinge von dir wissen wollte, irgendwas. Also etwas zum Psychotherapeutengesetz wollte ich dich fragen. Dann hast du gesagt, es hat dich geärgert, dass ich dich nur so als Informationsquelle benützte. So etwas muss es gewesen sein.

Chantal Ja, und das andere, was mir einfällt, da ging es um das Feedback in der Gruppe.

Stefan Ja.

Chantal Du sagtest unter anderem, dass du mich sehr hart erlebst. Und ich weiß noch, dass mich das sehr gekränkt hat. Dann haben wir aber, nachdem wir es geschafft hatten, in der Gruppe darüber zu reden, das Gefühl gehabt, unsere Beziehung zueinander wird zunehmend wieder besser. Jeder geht sorgsamer mit dem anderen um.

Die schlichte Wahrheit ihrer Gefühle für ihn ...

Chantal setzt im weiteren Gespräch Stefan darüber in Kenntnis, wie sie als Frau zu ihm steht.

Der Kern ihrer Aussage ist: Ich finde dich als Mann sehr attraktiv. Aber du bist nicht mein Typ. Es fehlt die zwischen Mann und Frau wünschenswerte erotisch-sexuelle Spannung. Trotzdem ist es mir nicht gleichgültig, wie du mich als Frau siehst.

Mir verschlägt es fast die Sprache, als ich das so unverblümt in Worte gefasst höre. Wie mutig! denke ich.

Warum ich diese Aussage für mutig halte?

Weil genau das beim Flirt oft unterschlagen wird: *Man sagt, was ist, aber man verschweigt das, was nicht ist.* Und Chantal sagt neben dem Positiven gerade das, was *nicht* ist.

Stefan nimmt in der Gruppe für die Frauen anscheinend eine wichtige Stellung ein. Mit ihrer unzweideutigen Aussage riskiert Chantal einiges. Immerhin könnte Stefan das Interesse an ihr verlieren. Wenn so fest steht, dass er in gewissem Sinn bei ihr keine Chance hat, warum sollte er sich dann noch sonderlich um sie bemühen? Chantal verzichtet also darauf, Stefan ‚unter Vorspiegelung falscher Tatsachen' bei der Stange zu halten.

Damit bezeugt sie beachtlichen Mut.

Chantal	... und ich habe mich dir gegenüber asexuell gefühlt, meine ich jedenfalls.
Stefan	Hm.
Chantal	Das liegt von meiner Seite her daran, dass, wenn ich einfach hinschaue und dich als Mann betrachte, ich dich als sehr attraktiven Mann sehe. Ja. Eigentlich für mich einfach als sehr jungen Mann. Ich brauche allerdings für mich in meinem privaten Leben mehr die Papa-Figuren. Du bist für mich mehr Bruder-Figur. Ich hatte immer so den Eindruck, was uns zwei angeht, da ist nur sehr, sehr wenig da, was den einen am ande-

ren reizt – in der Mann-Frau-Beziehung. Ich habe nicht nur von mir dieses Gefühl, sondern das kam auch so von dir rüber.

Stefan Entschuldigung, das habe ich nicht verstanden.

Chantal Also, wenn es um erotische Gefühle geht ...

Stefan Ja.

Chantal ... dann habe ich bei uns das Gefühl, dass da nichts reizen könnte, und zwar gegenseitig. Ich will für mich sprechen und sagen: Da ist nichts, was mich jetzt an dir als Mann reizen könnte.

Stefan Ja.

Chantal Also ich kann nicht feststellen, dass du in meinen Augen sehr erotisch wirkst, aber auch umgekehrt vermute ich dasselbe. Und trotzdem ist es mir nicht wurst, was du über mich als Frau denkst oder wie du mich als Frau siehst, sonst würden mich auch solche Bemerkungen, wie du sie gemacht hast, nicht so treffen.

... und die schlichte Wahrheit seiner Gefühle für sie ...

Stefan gerät angesichts solcher Klarheit in Zugzwang. Doch er schlägt sich wacker, steht Chantal, was die Offenheit angeht, in nichts nach und zeigt nicht weniger Courage.

Allerdings muss er sich erst in seine Position finden. Möglicherweise hat ihm die Direktheit Chantals die Luft genommen. Das wäre auch kein Wunder, denn derart präzise zu hören, was *nicht* ist, die Einschränkung zu erfahren, könnte leicht schockierend für ihn gewesen sein.

Die ersten Versuche Stefans kommen denn auch eher aus dem Kopf. Das, was Chantal gesagt habe, sei „bestätigend" und „klärend". Die Formulierungen verraten sein Vortasten und Ausweichen.

Ich rege ihn an, vor allem darauf zu achten, wie er von Chantals Botschaft *berührt* war, weil darin eher erkennbar sei, was bei ihm angekommen ist. Stefan geht zwar auf diese Anregung nicht ein, aber er wird nun ganz konkret.

Zuerst macht er Chantal ein phantastisches Kompliment.

Chantal sei für ihn eine Frau der totalen Rückhaltlosigkeit, wenn es um ihr Gefühl gehe; eine Frau, die fähig sei, mit Haut und Haaren zu lieben und zu leiden, eine sinnlich-sexuell attraktive Frau – und das ziehe ihn an ihr an.

Doch mache es ihm zugleich Angst, sich auf so etwas einzulassen, und zwar der schmerzlichen Konsequenzen wegen. Er nehme an sich selber die gleiche Rückhaltlosigkeit wahr. Seit er verheiratet sei, habe er sich einmal auf eine andere Beziehung eingelassen und seine Frau dadurch furchtbar verletzt. Da er seine Frau liebe, komme für ihn eine Außenbeziehung nicht in Frage.

Stefan drückt sich differenziert aus, indem er hinzufügt, er könne nur für seine jetzige Lebensphase sprechen, möglicherweise würde er das später einmal anders sehen.

Zum Abschluss wird deutlich, warum er in der Gruppe von Frauen bisweilen derart verletzend erlebt wird. Stefan enthüllt seine Strategie: Wenn es ihm zu nah und zu heiß werde, müsse er ‚austeilen'. Das sei in Kontakten, die ungefährlich sind und bei denen er selber die Situation bestimmen kann, nicht der Fall.

Die Offenlegung wirkt sehr entlastend. Hinter der Fassade der machtvollen, verletzenden Aggression wird das Gegenteil erkennbar: Unsicherheit, Sich-bedroht-Fühlen, Angst.

Warum erachte ich diese Entgegnung für ebenso mutig wie die Äußerung Chantals?

Weil Stefan einerseits eine ganz positive Aussage macht, andererseits aber auch die Einschränkung benennt, dass er seine Frau nicht verletzen und daher sich auch nicht auf ein Abenteuer einlassen wolle. Die Rangordnung wird unmissverständlich klar. Er bekennt sich zu seiner Frau und nimmt sich damit ‚Chancen'.

Darin sehe ich Mut.

Es ist ja gerade der Trick vieler verheirateter Männer, gegenüber ihren Geliebten die eigene Frau zu verraten. Wenn die Geliebte dann ihren Ausschließlichkeitsanspruch geltend macht, legen sie die bekannte Platte auf und halten die Fordernde mit der angeblich unmittelbar bevorstehenden Scheidung hin.

Stefan Weißt du, was meine Gefühle zu dir angeht, so habe ich das selber nicht klar.

Chantal Hm!

Begleiter Stefan, du solltest vielleicht erst mal hinschauen, wie dich das berührt, was Chantal gesagt hat. Da hast du ja eine Botschaft erhalten. Es wäre gut, erst nachher Stellung zu nehmen und zunächst nur mal zu fragen: Wie hat mich die Botschaft emotional angesprochen? Was ist da zu mir gefühlsmäßig rübergekommen? War das kränkend, belastend, verletzend, enttäuschend oder was immer? Ja, einfach mal auf diese Ebene schauen, weil das die wichtigere Antwort in dir ist, die nicht aus dem Kopf kommt.

Stefan Es war irgendwie bestätigend.

Begleiter Hm!

Stefan Und damit irgendwo auch klärend. Also ich empfinde es sehr offen und deswegen wohl irgendwie klärend. Von mir aus glaube ich nicht so ohne weiteres, meinen Part thematisieren zu können. Ich fände es schon gut, wenn wir es jetzt klären könnten.

Begleiter Ich meine: „klärend", das kann alles mögliche bedeuten. Es ist ja durchaus denkbar, dass man etwas klarer bekommt und etwa mit dem Kopf feststellt: Eigentlich treffen wir uns auf derselben Ebene, haben den gleichen Standort; ich empfinde Chantal gegenüber ebenso wie sie mir gegenüber. Die

Gefühle jedoch reagieren auf ihre ganz eigene Weise. Beispielsweise mit Enttäuschung. Denn selbst wenn man dem anderen gegenüber keine tollen Empfindungen hat, fände man es vielleicht trotzdem schön, wenn wenigstens *er* welche hätte. So dass es gar nicht leicht ist, ganz nüchtern festzustellen: Wir empfinden beide dasselbe.

Stefan Als sie gesprochen hat, habe ich mir die ganze Zeit überlegt: Was empfinde ich jetzt? Was empfinde ich für die Chantal? Und es fällt mir nicht ganz leicht, zu sagen, dass das eben nicht eindeutig ist, sondern vielschichtig. Ja, und ich weiß, es gibt etwas, wo ich angezogen bin von dir und wo du mich als Frau anziehst. Da ist immer so das Gefühl, dass du ... also ich kann mir vorstellen, dass du gut lieben kannst und dass du leiden kannst und dass du also eine sinnlich-sexuelle Frau bist. Das stelle ich mir vor, dass du das bist. Und das finde ich reizvoll. Das reizt mich als Mann. Aber das hat außerdem eine andere Seite und schreckt mich auch ab. Und zwar deswegen, weil ich dann den Eindruck habe, du bist ... dass, wenn du dich auf etwas einlässt, dann glaube ich, dann tust du das mit Haut und Haaren. Ja, so stelle ich mir das vor.

Begleiterin Und was schreckt dich daran denn?

Stefan Da mitzumachen.

Begleiterin Dich auf so was einzulassen ...

Stefan Ja.

Begleiterin ... würde dich schrecken?

Stefan Ja, das würde mich erschrecken, ich meine wegen der Verletzungen, die das im Gefolge hat. Wenn ich wüsste, das würde meine Frau sehen ... dann wäre sie tief gekränkt. Mir geht es ja genau wie dir. Ich kann auch so tief lieben. Eben das möchte ich meiner Frau nicht antun. Denn ich liebe sie. Deswegen lasse ich mich nicht so ohne weiteres auf etwas anderes ein.

Begleiterin Ja.

Begleiter Das war eine sehr klare und ehrliche Aussage.

Stefan Sicher gibt es das, dass mich etwas zum Abenteuer reizt. Und deswegen brauche ich, da ich meine Frau liebe, immer einen Schutz. Wir hatten die Situation schon einmal, wo ich mich auf eine andere Frau eingelassen habe. Das hat sie sehr verletzt. Sie hat es nie vergessen. Und als sie damals so geweint hat, war mir klar: Das tue ich nicht mehr. Wobei ich nicht glaube, dass das für das ganze Leben gilt. Also ich meine durchaus, dass mir so etwas irgendwann wieder mal passieren wird. Nur jetzt nicht. Wenn ich aber dennoch an diesen Punkt komme, *so ist das*, was ich eben gesagt habe, *der Grund dafür, dass ich ‚austeile' und verletzend werde* wie etwa gegenüber Chantal oder Beate.

Begleiterin Da, wo überhaupt etwas gefährlich werden könnte, denn sonst müsstest du ja nicht austeilen.

Stefan Also wenn von der anderen Seite Signale kommen. Ich meine einladende Signale.

Begleiterin Hm!

Stefan Es ist wieder was anderes, wenn ich selber es bin, der die Impulse setzt. Also bei der Helga z. B., da sende ich dann auch schon Signale aus, aber von ihr kommt keine ernsthafte Reaktion. Also deshalb ...

Begleiterin ... ist es ungefährlich.

Stefan ... ist es ungefährlich, ja.

Begleiter Ich finde es ungemein wohltuend, wenn das Ganze durchsichtig wird, wie ihr zueinander steht. Außerdem finde ich es mutig.

Chantal Ich möchte da gleich etwas dazu sagen. *Also ich bin jetzt ganz berührt, denn ich fühle mich so erkannt, so durch und durch richtig erkannt.* Ja, es stimmt so von vorn bis hinten, die Einschätzung, wie ich bin. Und wie du dann gesagt hast, du würdest mich einschätzen als eine Frau, die, wenn sie sich einlässt auf eine Beziehung, dann liebt sie mit Haut und Haaren: *So bin ich!* Aber wie du das gesagt hast, da wurde mir ganz eng. Na, ich hatte dir ja ganz deutlich gesagt, wie zurückhaltend ich auf dieser Ebene bin.

Stefan Hm.

Chantal Und als du geredet hast, wurde mir deutlich, dass ich mir über meine Art zu lieben keine Gedanken gemacht habe. Und zwar deswegen nicht, weil ich meine, ich habe solche Angst davor, mit Haut und Haaren zu lieben, dass ich mir überhaupt nicht gestatten kann, darüber nachzudenken, weil das ganz einfach zu gefährlich ist. Genau gesagt, ich habe keine Angst zu lieben, aber vor den Konsequenzen habe ich Angst und vor den Verletzungen, die das mit sich bringt. Das ist mir jetzt während unseres Gesprächs sehr klar geworden.

Begleiterin Auf der anderen Seite habe ich aus deiner Rückmeldung dem Stefan gegenüber nicht herausgehört, dass eine Gefahr besteht.

Chantal Hm.

Begleiterin Dass die Gefahr bestünde, dass es so eine ausschließliche Sache wird. Denn du erlebst ihn zwar als attraktiven Mann, aber er zieht dich erotisch nicht an.

Chantal Ja, dazu kann ich voll und ganz stehen.

Begleiterin Aber das ist doch schon etwas. Ich denke, man muss ja nicht mehr daraus machen.

… das ergibt zwar nicht Liebe, aber es stiftet Beziehung

Die folgende Gesprächsphase ist zwar sehr kurz, dafür um so bedeutsamer. Das Gespräch drängt, wie von einer unsichtbaren Logik gesteuert, auf seinen Höhepunkt zu.

Chantal zeigt sich tief berührt und betroffen von dem Bild, das Stefan von ihr gezeichnet hat: die Frau, die mit Haut und Haaren lieben kann. Das Entscheidende an Stefans Aussage ist für Chantal vermutlich dies: *Sie fühlt sich gesehen und in ihrem Wesenskern erkannt.* Das ist sehr wohl zu verstehen, denn das Gesehen- und Erkanntwerden zählt zu den tiefsten und beglückendsten Erfahrungen, die uns Menschen zuteil werden können.

Als ich nachfrage, wie es ihr jetzt bei der Offenlegung ergehe, die sie und Stefan dabei sind, vorzunehmen, berichtet sie über eine starke Irritation. Die neue Vorgehensweise ist für sie völlig ungewohnt. Mit Aggressionen, mit Schlag und Gegenschlag, vermochte sie besser umzugehen, das kennt sie, es ist ihr vertraut, da kann sie sich schützen. Doch für diese Art von Offenheit hat sie noch kein Verhaltensrepertoire.

In der folgenden Phase klärt Chantal zusammen mit meiner Frau die Irritation ab. Möglicherweise fühlt sich Chantal von dem, was Stefan ihr gespiegelt hat, so stark angesprochen, dass sie einen Augenblick lang zweifelt, ob ihre Abgrenzung von vorhin noch gilt. Sie ist sichtlich in einer Art fasziniert, die sie noch nicht kennt, und sieht sich außerstande, diese einzuordnen, sie ist sich noch im Unklaren darüber, ob und wie gefährlich diese für sie ist.

Als die Irritation abklingt, bricht das Neue mit voller Klarheit durch. Chantal beschreibt diese Beziehungserfahrung zwischen Mann und Frau, die sie eben macht, in prägnanten Formulierungen: *Sie sei faszinierend, sei ganz einfach schön, es entstehe Nähe und schließlich: Diese Dinge seien für sie ausschlaggebend.*

Das Gespräch nähert sich dem Höhepunkt, als das zentrale Thema von Beziehung anklingt: Vertrauen. Chantal meint, da sei jetzt etwas entstanden, ein Klima, in dem sie, wenn es ihr nicht gut ginge, sich angstfrei bei Stefan anlehnen könne.

Etwas Schöneres könne sie über das, was jetzt zwischen ihr und ihm an Beziehung entstanden ist, nicht sagen. Denn Vertrauen ist der Maßstab schlechthin. Etwas Anspruchsvolleres als Vertrauen gibt es wohl nicht.

Wenn wir bedenken, dass das Gespräch zwischen den beiden ganze 25 Minuten gedauert hat, und wenn wir uns vor Augen halten, was in dieser kurzen Zeit an Entwicklung möglich war, dann erkennen wir, wie wenig es auf die Dauer eines Gesprächs ankommt und wie sehr auf die Art und Weise, *wie* Menschen miteinander reden und umgehen.

Begleiter	(zu Chantal gewandt) Und wie geht es dir jetzt mit dieser Form des Austausches, die ihr gerade pflegt? Denn im Augenblick musst du dich ja nicht schützen, wenn Stefan einfach darlegt, wie er zu dir steht. Es scheint mir sehr wichtig, das deutlich zu sagen, denn es ist die Alternative zu der vorangegangenen Art der Kommunikation, die sehr schmerzhaft ist.
Chantal	Wenn mir der Stefan so offen gegenübertritt, dann berührt mich das so sehr, dass meine Position, mein Bedürfnis, mich abzugrenzen, mich zu wehren und zu schützen, sehr wackelig wird. Wenn er austeilt, dann habe ich es einfacher, auch zurückzuhauen. Da kenne ich mich aus. Wenn es um Geschlagenwerden geht, kann ich mich schützen. Dagegen mache ich die Erfahrung ...
Begleiterin	Wieso musst du dich im Moment schützen?
Chantal	Weiß ich nicht. Weiß ich wirklich nicht. Ich habe jetzt nur das Gefühl, dass es für mich eine viel gefährlichere Situation

ist, denn sie ist offengelegt. Wenn dagegen alles verdeckt ist und Stefan sich mit einem Schlag schützt, bei dem ich gar nicht wahrnehme, warum und wieso und ganz einfach zurückschlage oder auch nicht, da geht es mir besser. Ich kann das alles im Moment noch nicht richtig erfassen.

Begleiterin Ich kapiere es insofern nicht ganz, als ich gerade den Eindruck habe, es tut dir auch recht gut, zu erfahren, wie er dich erlebt.

Chantal Ja, das ist auch so. *Das ist faszinierend, und ich habe mich unheimlich darüber gefreut.* Aber das ist die eine Seite. Und die Kehrseite der Medaille, die Angst, nicht damit umgehen zu können, das finde ich daran schwieriger als bei dem, was ich kenne. Aber es ist schon so, *dass es mich dir ein großes Stück näher bringt.* Und das erlebe ich jetzt nicht als gefährlich.

Stefan Hm.

Chantal *Das erlebe ich einfach als besonders schön.*

Begleiter Genau! Gut, dass du dieses Gefühl jetzt auch wahrnimmst! Ich meine, es ist wichtig, dass du nicht bloß sagst, du könntest nicht damit umgehen, sondern dir auch zu Bewusstsein kommt, wie diese Offenheit Nähe schafft, Beziehung stiftet, Intensität herstellt – und sehr schön ist.

Chantal Hm. *Und das ist auch für mich ausschlaggebend. Angenommen, mir geht es mal schlecht und ich habe das Gefühl, ich möchte mich anlehnen bei dir …*

Stefan Hm.

Chantal *… dann könnte ich das jetzt ohne Angst vor einem Hieb.*

Begleiterin Das kann man im Grund nur in einer geklärten Situation, wo man abschätzen kann, was es für Konsequenzen hat.

„Raus aus dem bekannten Muster“

Als ich meine Freude darüber, wie die beiden miteinander geredet haben, zum Ausdruck bringe und Anna, meine Frau, kommentierend anfügt, es sei ja wohl auch schwierig gewesen, schließt ein kräftiges Lachen der Gruppe das Zwiegespräch von Chantal und Stefan ab. Dieses Lachen zeigt an, dass auch die anderen Gruppenteilnehmer das Riskante eines solchen Gesprächs empfunden haben, dabei auch gefordert waren und sich die so entstandene Spannung nun in kathartischem Lachen löst.

Anna sagt am Ende des Gespräch, es sei „raus aus dem bekannten Muster“.

Diese Charakterisierung erscheint mir außerordentlich treffend zu sein. Denn sie erhellt blitzartig die Bahn des vorangegangenen Gesprächs und benennt den wesentlichen Unterschied zur üblichen Art ‚erotischer‘ Gespräche. Üblicherweise herrscht im erotischen Geflachse der Geschlechter oft das Zwielicht vor. Menschen spielen buchstäblich miteinander, sind bestrebt, mit Hilfe von Täuschung und Irreführung den eigenen Vorteil zu sichern, was zu Irritationen, Selbstunsicherheit und Verletzungen führt. Dieses Muster hat jetzt einem anderen Verhaltensstil Platz gemacht. Hier herrscht Klarheit; es wird darauf verzichtet, durch Auslassung, Verschweigen oder Schöntun Macht über den anderen gewinnen zu wollen. Und obwohl es dabei nicht im eigentlichen Sinn knistert, *entsteht in diesem ‚nüchternen‘ Klima doch etwas ganz Kostbares: Nähe, Sicherheit, Wertschätzung.*

Begleiter An eurem Dialog konnte man so richtig sehen, wie man belohnt wird, sobald man die Dinge offen legt. Wenn man bedenkt, wie es angefangen hat, dass eigentlich nichts Besonderes zwischen euch war, also keine erotisch-sexuelle Anziehung bestand. Und wie dann die Offenheit doch zu etwas hinführt, das sehr schön ist, nämlich zu echtem Vertrauen. Du sagst ja so bezeichnend, du könntest dich jetzt angstfrei anvertrauen. Das wiederum gibt Sicherheit. Es muss ja schließlich nicht immer und überall das Knistern sein. Das ist dann wieder etwas anderes. Also ich finde es ganz toll, wie ihr miteinander geredet habt.

Begleiterin Es war aber auch schwierig. (Lachen in der Gruppe.) Und dann ist es immer schwierig, sich auf neuem Boden zu bewegen. Trotzdem war es schön, dass ich gespürt habe, da passieren nicht die alten Verletzungen, sondern jeder von beiden legt das auf den Tisch, was er im Moment fühlen und aussprechen kann. Und das tut einfach gut.

Über erotische Kommunikation

Die Idealisierung des Eros in Kunst und Literatur

Über die erotische Beziehung zwischen den Geschlechtern ist unendlich viel gesagt worden, seit urdenklichen Zeiten, unter allen möglichen Aspekten. Ich greife aus der unübersehbaren Fülle an Zeugnissen lediglich einige auf, um die Spannweite des Themas anzudeuten.

Der Philosoph Platon (427-347 v. Chr.)[5] lässt in seinem berühmt gewordenen ‚Gastmahl' Sokrates und seine Schüler darum wetteifern, wer die beste Rede über den Gott Eros halte. So ersteht Eros vor unseren Augen in seiner ganzen Vielschichtigkeit als himmlische und irdische, gleichgeschlechtliche und gegengeschlechtliche Liebe.

Sokrates selber schildert in seiner Rede – der Höhepunkt des *Gastmahls* – die erotische Liebe als Weg der Reifung, der den Menschen zum Göttlichen führt. Er beruft sich dabei auf eine Frau, Diotima, die ihm diese Weisheit übermittelt und ihn in die philosophischen Mysterien der Liebe eingeführt habe.[6]

Auffallend ist, dass fast tausend Jahre später, im Mittelalter, Dante ebenfalls von einer Frau, nämlich Beatrice, durch die Kreise von Himmel und Hölle geleitet wird. Damit will der Dichter wohl andeuten, dass die Frau von ihrer Natur her den Mysterien des Eros näher stehe als der Mann. Vielleicht ist es kein Zufall, dass auch in dem eben geschilderten Gespräch eine Frau, Chantal, in gewisser Weise die Führungsrolle innehatte.

Das krasse Gegenstück zur platonischen Idee der Liebe als der hellen und göttlichen Kraft bilden die Memoiren des Giacomo Casanova.[7] Beim Großmeister der Verführung läuft so ziemlich alles auf Täuschung und ‚Schöntun' hinaus.

Dostojewskij wiederum schildert in seinen Romanen die Himmel und Höllen, den bis zum Verbrechen führenden Wahnsinn erotischer Leidenschaft.[8]

Martin Buber arbeitet wie kaum ein anderer Philosoph die wesentlichen Aspekte der zwischenmenschlichen Beziehung heraus. Eros ist für ihn eine elementare Beziehungskraft. Buber macht allerdings nachdrücklich auf das Schillernde des Eros aufmerksam, darauf, dass vom Eros erfasste Menschen Gefahr laufen, sich selbst und ihr Gegenüber zu täuschen.[9] Nicht von ungefähr aber ist das Wesensmoment von Beziehung das Gegenteil der Täuschung. Vertrauen und Täuschung sind inkompatibel, sie schließen einander aus.

Nicht nur in der Literatur, auch in der bildenden Kunst sind mir immer wieder die Überhöhung der erotischen Beziehung ins Mythische und ihre Idealisierung aufgefallen, so dass ich mich stets von neuem gefragt habe: *Wie kommt es zu dieser selektiven Wahrnehmung und Abstraktion von der Wirklichkeit?*

Die erotische Welt kennt neben dem Wunderbaren und Strahlenden doch ebenso Blamables. Wüsten an Fadheit und Stumpfheit, Höllen der Peinlichkeit und Scham vor sich selber, ‚blöde' Gefühle in Unzahl, um die jeder Liebende wie auch jeder Künstler und Schriftsteller wissen müsste. Aber diese Erfahrungen finden in die Darstellungen kaum Eingang. Allenfalls wird Don Juan moralisch verurteilt und sein menschen- und frauenverachtender Narzissmus verdammt; die Dirne disqualifiziert, weil sie zwei nicht vergleichbare Dinge, Liebe und Geld, zusammenbringt.

Am krassesten treibt es die Pornographie: hier ist immer alles toll, intensiv, ekstatisch und rauschhaft. Was Pornographie zur Pornographie macht, ist bestimmt nicht die Darstellung sexueller Vorgänge, sondern das Vorbeischauen an der Wirklichkeit; das lässt sie so verlogen und problematisch erscheinen.

Eugen Schiele dringt mit seinem Werk in Dimensionen der erotischen Kommunikation vor, wie man das in der Kunst leider selten antrifft[10], während Otto Dix die Kehrseite der erotischen Kommunikation mit einem psychologischen Spürsinn sondergleichen entlarvt und zeigt, wie sich Menschen unter dem Einfluss von Eros verzerren. Allerdings verfällt er ins Gegenteil der Idealisierer. Während diese die Wirklichkeit einseitig verbrämen, verabsolutiert er die negative Seite. Insofern geht auch das wieder an der Realität vorbei. Aber sein Werk ist ein erfreuliches Korrektiv in der abendländischen ‚Schönmalerei'.[11] Auch die Frauengesichter und Mann-Frau-Darstellungen aus dem Alterswerk Picassos haben mich außerordentlich beeindruckt, vor allem ihre Tiefe der Erfassung.[12]

Weitab vom Mythos: die Realität erotischer Beziehung

Die Realität unserer zwischenmenschlichen Beziehungen hat kaum etwas gemein mit jenen Abstraktionen, die uns in Literatur und Kunst oft begegnen. Die Reparaturwerkstätten Beziehungstherapie und Eheberatung offenbaren die ungeschminkte Alltagswirklichkeit, in der sich wenig von der mythischen Überhöhung des Eros hält.

Es ist zu beobachten, wie sich hier Menschen in scheinbar naturgesetzlich ablaufende Vorgänge verstricken, so dass die Betreffenden nicht selten zum Zerrbild ihrer selbst werden und damit ihr Selbstgefühl außerordentlich belasten.

Aber wie gesagt: Beziehung kann man lernen. Die Prinzipien des Lernens und des Übens sind ebenso klar wie anspruchsvoll: *Sich so wahrnehmen, wie man ist! Sich so zeigen, wie man ist!* Alles andere führt unweigerlich zur Störung. Jede Einschränkung der Selbstwahrnehmung und der authentischen Selbstdarstellung hat ihren Preis. Die Lernziele ‚Bewusstheit' und ‚Transparenz' stellen höchste Anforderungen. Das gilt für alle Formen der Kommunikation und erst recht für die erotische.

„Jedem Anfang wohnt ein Zauber inne" (Hermann Hesse). So auch dem Eros. Schwung, Begeisterung, Faszination charakterisieren den Beginn. Das führt allzu leicht zu der falschen Vorstellung, dies sei tatsächlich das Wesen des Eros. Beim Beziehungslernen geht es deshalb zu einem wesentlichen Teil darum, die Täuschung des Anfangs zu überwinden, die damit verbundene Ent-Täuschung zu verarbeiten und so der Ernüchterung Herr zu werden.

Zunächst genießen die Liebenden eine Art Narrenfreiheit; die milde Himmelsmacht der Liebe setzt für sie das Gesetz der *Konsequenz* außer Kraft. Doch nach einer Weile gilt dieser Ausnahmezustand nicht mehr.

Mit Konsequenzen sind hier in erster Linie Gefühle gemeint. Jegliche menschliche Aktivität ruft irgendwelche Gefühle im Handelnden selber hervor. Sie sind die unmittelbarsten Konsequenzen seines Verhaltens. Sie entstehen spontan, verhalten sich wie Reflexe, wir vermögen sie nicht direkt zu steuern. Der Don Juan kann sich zwar von den Konventionen der Moral befreien, aber nicht von den Gefühlen, die sein Handeln in ihm selber hervorruft. Nun habe ich mich von Frauenhelden (auch von ‚Männerheldinnen') darüber belehren lassen, dass es da zwar die heldische Außenseite gibt, die erwünschten Gefühle, aber auch die entsprechende Kehrseite: Gefühle von Leerlauf, trostloser Fadheit und Empfindungen der Entwürdigung.

Es ist eine lernpsychologische Erkenntnis, dass unser Verhalten durch seine Konsequenzen gesteuert wird. Wir ‚lernen am Erfolg' beziehungsweise am Misserfolg. Diese Selbstregelung unseres Verhaltens durch Rückkopplung besagt nicht, dass uns Lernen immer in die wünschenswerte Richtung führt. Jegliches Verhalten, ‚gutes' *und* ‚böses', wird an den Konsequenzen erlernt. Auch der Böse lernt am Erfolg, den er mit seinem Tun hat.

Die Liberalisierung des erotisch-sexuellen Bereichs hat viele positive Wirkungen gebracht; dabei wird aber auch Wesentliches übersehen, beispielsweise dass wir die Konsequenzen unseres Verhaltens nicht auf Dauer ausschalten können. So besteht die Vorstellung, indem man sich von der restriktiven Moral, die den Menschen oft sinnlose Fesseln auferlegte, befreit habe, sei die Sexualität frei. Ein verhängnisvoller Fehlschluss! Es mag einen rechtsfreien Raum und einen von konventionellen Normen entrümpelten ‚moralfreien' Raum geben, aber *es gibt keinen konsequenzfreien Raum.* Unser sexuelles Verhalten hat seine Konsequenzen; diese sind mitunter rigoroser als die der konventionellen Moral. Die Moral drückt hier und da ein Auge zu, das Gesetz der Konsequenz tut es nicht.

Wenn schon jedes andere Beziehungsverhalten stimmig und authentisch sein muss, sofern es keine Störung erzeugen soll, warum nicht auch das erotische Verhalten? Und wenn jede Unstimmigkeit Störungen hervorruft, warum sollte es hier anders sein! Ja der hochsensible erotisch-sexuelle Bereich verlangt sogar in noch höherem Maß als jeder andere Bereich absolute Genauigkeit. Wo immer wir nicht der wirklichen Stimme unseres Herzens folgen, ereilt uns die Konsequenz in Form ‚blöder Gefühle'.

Die ‚blöden' Gefühle sind zwar häufig durch den immerhin vorhandenen Lustgewinn überblendet beziehungsweise aufgrund von Verdrängung abgeschwächt oder gar ausgeschaltet, aber an irgendeiner Stelle zeigen sich die Konsequenzen dann doch.

Eine Hauptaufgabe des Beziehungslernens besteht darin, alle Gefühle, selbst die ‚blöden', wirklich ernst zu nehmen – gerade dann, wenn sie durch unser Verhalten ausgelöst wurden. Denn sie sind der unverzichtbare ‚Regler' unserer Kommunikation, auch der erotischen. Mittels unserer Empfindungen vernehmen wir die Stimme der Natur, denn die Gefühlsreflexe sind tief in der Natur verankert, vernehmen wir die Stimme unseres Herzen, die zugleich die Stimme des Gewissens ist.

Beziehungslernen besagt ganz entscheidend: ein Gespür für die Folgewirkungen unseres Verhaltens entwickeln. Dieses Ziel ist auch in der erotischen Kommunikation anzustreben.

Am Gespräch zwischen Chantal und Stefan erkennen wir, was man, je nachdem ob man sich authentisch verhält oder nicht, verlieren und was man gewinnen kann. Jene Dinge, von denen Chantal sagt, sie seien die entscheidenden für sie, hat sie nur dadurch gewonnen, dass sie es wagte, sich wirklich zu zeigen.

Hier wird auch die besondere Chance erotischer Kommunikation deutlich. Die Einübung in authentisches Verhalten formt und bildet zugleich die Selbstentfaltung der Persönlichkeit in ihrem sozialen Aspekt.

Etwas anderes scheint mir ebenso wichtig zu sein. Wir Menschen meinen oft, wir seien nur dann liebenswert, wenn wir möglichst perfekt sind. Das ist ein fataler Irrtum. Wir sind liebenswert, wenn wir mit uns selber übereinstimmen, uns zu uns selbst bekennen. Das Gespräch in der Gruppe hat dies exemplarisch gezeigt. Chantal bekennt sich gegenüber Stefan zu ihren Gefühlen: Du bist nicht mein Typ. Stefan bekennt sich zu seiner Frau: Ein Abenteuer kommt nicht in Frage. Gerade dieser Mut, zu sich selber zu stehen, hat die Verwandlung gegen Ende des Gesprächs ermöglicht: Nähe, Intensität, Vertrauen.

Was die beiden der Gruppe gezeigt haben, war schon so etwas wie die ‚hohe Schule' der Kommunikation und die in dem Augenblick optimale Verwirklichung des Lernziels: Sich so wahrnehmen, wie man ist! Sich so zeigen, wie man ist!

Mein eigener Weg des Beziehungslernens

Meine Auseinandersetzung mit der zwischenmenschlichen Beziehung führte durch die verschiedenen Stadien der Transparenz. Eine Reihe von Erfahrungen in persönlichen Beziehungen und bei der Arbeit haben mich diesen Weg zunehmend konsequenter gehen lassen.

Ohne Kenntnis dieser ganz persönlichen Entwicklung ist wohl kaum ganz zu verstehen, warum die Transparenz eine derart zentrale Stellung innerhalb der Beziehungstherapie einnimmt. Daher möchte ich diese Entwicklung hier kurz schildern.

Ein paar Wochen Seligkeit, dann lebenslängliche Ödnis?

Eigentlich war ich ein verschlossenes Kind, von dem kaum jemand etwas erfuhr. Ich hatte gar nicht das Bedürfnis, aus mir herauszugehen, habe es genau genommen heute noch nicht. Doch die jeder Beziehung innewohnende Eigendynamik verlangte gebieterisch Austausch. Vom Ursprung her lag mir der Gedanke fern, mich für andere durchsichtig machen zu wollen. Insofern hatte ich immer den Eindruck, ich sei zur Beziehungstherapie gekommen wie die Jungfrau zum Kind.

Als junger Mann entwickelte ich eine seltsame Partnerschaftsphilosophie, die für viele Jahre meine Richtung bestimmte. Ich hatte die Erfahrung gemacht, dass ich mich verlieben kann, dass diese Faszination nach geraumer Zeit wieder abklingt und schließlich im Sande verebbt. Die Ehe stellte ich mir als Verlängerung dieser Beziehungskurve vor: Nach dem kurzen Rausch einiger Wochen käme die vielzitierte ‚Bewährung', bei der es darum ginge, die Nivellierung und Verödung der Gefühle ein Leben lang durchzustehen. Eine nicht allzu verlockende Aussicht.

Was ich in meiner Umgebung wahrnahm, war wenig geeignet, diese Ansicht zu korrigieren. Insbesondere die von Insidern gehandelten Ehewitze bestätigten meine Vorannahmen. Das Schlimmste war das abwertende Reden über den Partner, „den Alten" oder „die Alte". Es ließ jede Wertschätzung vermissen, dafür kündete es von emotionaler Öde und Trostlosigkeit – kurzum, von einem restlos verflachten Leben.

Nun sind Ehewitze für die Beurteilung der Ehewirklichkeit sicher eine fragwürdige Basis. Im nachhinein muss ich allerdings sagen, dass ich damals aus den Ehewitzen Informationen bezog, die bedauerlicherweise in beachtlichem Umfang gültig sind.

Wenn ich heute zurückschaue, sehe ich unterschiedliche Gründe für meine jugendliche Vorstellung von Ehe und Beziehung. Eine wahrscheinlich tief sitzende Angst vor Beziehung wird die Entwicklung der entsprechenden emotionalen

Seite in Schach gehalten haben. Ich konnte durchaus fühlen, denn der intensive Umgang mit der Natur sowie die Beschäftigung mit Kunst, insbesondere mit Musik zählten zu meinen Leidenschaften. Doch die Fähigkeit zum Naturempfinden und zum künstlerischen Empfinden ist doch, wie mir später bewusst wurde, etwas sehr anderes als der Umgang mit dem besonderen Bereich der ‚Beziehungsgefühle'.

Auch die berufliche Orientierung auf eine akademische Laufbahn war ein Grund für die verzögerte Entwicklung in dieser Hinsicht. Ich wusste, dass mein Berufsziel auf lange Sicht alle Kraft in Anspruch nehmen würde.

Doch kehren wir zurück zu der eigenartigen Partnerschaftsphilosophie des jungen Mannes. Die kurze Zeit der Verliebtheit rechtfertigte in meinen Augen nicht die Inkaufnahme lebenslanger Eintönigkeit. Dieser Preis schien mir zu hoch zu sein. Ich entschloss mich daher, mich höheren Dingen zuzuwenden, diese triste Ebene zu verlassen und begab mich ins Kloster. Es folgten einige Jahre der Flucht nach innen und des Studiums.

In der Zeit danach hatte ich an der Universität zwar Beziehungen, aber sie führten mich nicht aus der mir bekannten Bahn heraus; auch nicht die zehn Jahre der ersten Ehe. Soweit ich meinen Part dabei betrachte, verfügte ich damals nicht über die für eine dauerhafte Bindung unerlässlichen Voraussetzungen. Das wurde auch nicht durch meinen gewiss ernsthaften Einsatz wettgemacht.

Es folgte eine relativ kurze Phase der ‚offenen' Beziehungen. Diese Phase brachte zugleich die Begegnung mit den neuesten Richtungen der Psychologie und Psychotherapie, der Verhaltenstherapie, Kommunikationspsychologie und Gruppendynamik. Im Wissen, wichtige Dinge lernen zu müssen, stürzte ich mich da hinein. Ich wusste, wie das ging, bei Frauen ankommen, lernte, dass man sie beeindruckt, indem man Gefühle ernst nimmt.

Als ich mir das hinlänglich bestätigt hatte und Kenntnisse dahingehend besaß, wie man Beziehung ‚herstellt' und intensiviert, bedrängte mich zunehmend die Frage: Wie lang willst du dir das eigentlich noch beweisen? Soll es das jetzt gewesen sein?

Der Preis für die ‚freie' Form der Beziehung war die Verheimlichung. Sämtliche Gefühle, die Heimlichtuereien begleiten, stellten sich ein: Beschämung, Selbstzweifel, Selbstverachtung.

Diese Form der Beziehung stellte ich mir in der Fortsetzung als eine Art Hölle vor.

Damals trat Anna in mein Leben.

Dass diese Phase ziemlich kurz war, lag also vor allem an zwei Dingen: Ich war mürbe geworden und nicht darauf erpicht, die entsetzlichen Gefühle der Heimlichtuerei weiter auszuhalten. Sodann kam mir ein schicksalhaftes Ereignis zu Hilfe, eben die Begegnung mit Anna.

Die Begegnung mit Anna
Das Schlüsselwort zur großen Liebe: Transparenz

Jetzt spitzte sich die Entwicklung rasch zu. Anna hatte von meinen Beziehungen zu anderen Frauen erfahren. Für sie war Transparenz der fraglose Ausgangspunkt einer Beziehung. In einem Brief erwähnte sie beiläufig, sie müsse mit mir reden. Mir schwante, dass die Stunde der Wahrheit bevorstehe. Das bedeutete für mich das Ende unserer Beziehung. Zu einer Beziehung, wie sie sie sich vermutlich vorstellte, sah ich mich außerstande, und etwas anderes war für sie höchstwahrscheinlich uninteressant.

Es kam also zu einem Treffen.

Ich weiß noch genau jenen Moment, als sie die Frage stellte: „Hast du überhaupt schon einmal geliebt?" – Ich war wie vom Donner gerührt, das Blut schien mir in den Adern zu stocken.

Eines stand fest: Wenn ich jetzt Farbe bekannte, wäre unsere Beziehung gelaufen. Eine richtige Liebesbeziehung kannte ich aus meinem Leben nicht, und in Anbetracht meines einigermaßen fortgeschrittenen Alters 43 stand auch nicht zu vermuten, dass sich das noch ändern würde. Das Dilemma war perfekt. Sollte ich die Bankrotterklärung abgeben oder nicht? Sollte ich sagen, was Sache ist, oder mich mit einer Ausrede aus der Affäre ziehen?

Anna hatte den Nerv getroffen, an dem alles hing, an dem ich zu treffen war. Daran änderten auch die akademischen Titel nichts, mit denen ich mich behängt hatte, daran änderte nichts die Karriere, änderte auch nichts, dass ich inzwischen zum Spezialisten für Beziehung avanciert war.

Die Frage stand unabweisbar im Raum. Sie bedeutete die vielleicht größte Herausforderung meines Lebens.

Aus irgendeinem Instinkt heraus trat ich die Flucht nach vorne an und antwortete mit einem klaren: „Nein! Ich weiß nicht, was Liebe ist, ich kenne das nicht."

Mir ist heute noch ein Rätsel, warum ich plötzlich so eindeutig war. Auch habe ich nicht mehr in Erinnerung, wie Anna darauf regiert hat.

In diesem Augenblick konnte ich auch noch nicht wissen, dass das der Moment der schicksalhaften Wende in meinem Leben sein würde. Für mich stand nur das eine fest: Ich kann jetzt nicht ausweichen, ich will nicht ausweichen.

Als ich am nächsten Tag abreiste und schließlich auf der Fahrt im Zug zu mir kam, klang diese Stunde noch in mir nach. Auch bemerkte ich ein neues Gefühl in meinem Inneren, ein Gefühl, das ganz leise, aber ebenso deutlich war, ich wusste es indessen nicht richtig einzuordnen. Mir kam die etwas kitschige Frage aus einer Mozart-Arie in den Sinn: „Soll die Empfindung Liebe sein?"[13]

Es war so.

Nur langsam wuchs die Gewissheit, aber sie wuchs unverkennbar von Tag zu Tag.

Dann begannen die Jahre intensiven Lebens, erfüllt vom Ringen darum, die gewonnene Kostbarkeit zu pflegen und zu hüten, sie vor Schaden zu bewahren.

Eine der Leitlinien, die ich mir in meiner langen Psychoanalyse angeeignet hatte, hieß: Alles zulassen! Das war das, was ich in die Beziehung einzubringen vermochte. Und hier lief diese Leitlinie mit einer anderen zusammen: Alles mitteilen, alles austauschen! Jeden Vorbehalt, jede absurde Regung, jeden Einfall. Von Anna her kam die bedingungslose Aufrichtigkeit als Vorbedingung für Beziehung. Das lernte ich von ihr und übernahm es ohne jede Einschränkung. Heimlichkeiten gab es jetzt nicht mehr.

Der Kompass der rückhaltlosen Durchsichtigkeit führte uns durch die Himmel und Höllen der Anfangsphase. Sie wurde die Feuerprobe unserer Liebe. Wir waren uns dessen bewusst: es ging um alles. Die einzigartige Chance durfte nicht vertan werden. Jegliche Schlamperei stellte eine Gefahr dar. Schließlich hatten wir beide eine zerbrochene Ehe hinter uns. Zwei Familien waren zerrissen worden. Es galt zu retten, was zu retten war.

Mit dem Mut der Verzweiflung warfen wir uns in das Neue. In der Rückschau können wir kaum verstehen, wie wir das durchgestanden haben.

Beim Durchschreiten der Abgründe, nicht zuletzt der Phasen von Fadheit und Leere, haben wir unsere Lektion über die Grundwahrheiten von Beziehung gelernt und die Wunder der Verwandlung am eigenen Leib erfahren, die durch bedingungslose Offenheit einerseits und das bewusste Durcherleben aller Stadien andererseits möglich werden.

Aus diesem Ringen ist die Beziehungstherapie erwachsen. Ohne den existentiellen Druck wäre sie wohl nicht entstanden, jedenfalls nicht in der heutigen Form. Nie hätte ich mich mit solcher Verbissenheit auf die rationale beziehungsweise theoretische Durchdringung der Abläufe gestürzt, nie mit einer derartigen Hartnäckigkeit die Entschlüsselung der dritten Sprache in Angriff genommen und betrieben, um die verschiedenen absurden Phänomene der Interaktion zu verstehen und mir plausibel zu machen. Noch heute sehe ich mich in Sri Lanka am Strand entlang gehen, den Blick in die Weite des Indischen Ozeans gerichtet, und an der Formulierung der beiden Fairness-Gebote knobeln.[14]

Wieder und wieder entwarf ich Hypothesen, die ich verwarf, wenn mir Anna bei unseren Theoriegesprächen nachgewiesen hatte, dass „das doch überhaupt nicht stimmt". X-mal feilte ich an den Gesprächsregeln, um ihnen die nötige Klarheit und Präzision zu geben. Begierig griff ich alle neuen psychologischen Erkenntnisse auf. Meine Devise war: Ich muss alles, was es dazu heute gibt, kennen lernen, um diese Beziehung zu bewahren und der neuartigen Familienkonstellation gerecht zu werden.

Das zweifellos wichtigste, was ich während der folgenden Jahrzehnte des Umgangs mit Beziehung im privaten und beruflichen Bereich gewonnen habe, ist ein unerschütterliches Vertrauen in die Selbsttätigkeit der Seele. Auf neue Weise begegnete ich der Einsicht Platons, dass die Seele alles in sich habe und es nur darum gehen könne, die in jedem Individuum schlummernde Kraft freizusetzen. Allerdings – und das ist entscheidend – kann dies nur im Raum von Beziehung geschehen.

Dieser Gedanke knüpft an eine alte Praxis an, die das abendländische Denken nicht zuletzt in pädagogischer Hinsicht stark geprägt hat: den ‚sokratischen Dialog'. Sokrates, der Lehrer Platons, verstand sich als ‚Geburtshelfer' (seine Mutter war Hebamme). Für ihn bot das Gespräch jenen geistigen Raum, in dem die menschliche Persönlichkeit sich entwickelt und geboren wird.[15]

Ich komme noch einmal zurück auf jenen Moment, als ich auf die Frage Annas, ob ich überhaupt schon einmal geliebt hätte, mit einem entschiedenen „Nein!" antwortete. Paradoxerweise gelingt im selben Moment, da die Seele an ihre absolute Grenze zu stoßen scheint, der Sprung auf eine qualitativ neue Ebene, der Wechsel auf eine andere Umlaufbahn. Im Moment meiner ‚Bankrotterklärung', da ich rückhaltlos zu mir selber stand, mich zu jenem Nichts in mir bekannte, meine Unfähigkeit zu lieben einräumte, wurde mir alles geschenkt.

In tausend Variationen habe ich bei mir wie auch bei anderen – als ‚Hebamme' – diesen faszinierenden Geburtsvorgang erfahren dürfen. So erschloss sich mir das vielleicht tiefste Geheimnis des Fühlens, seine verborgene Weisheit.

Ich gewann immer mehr Vertrauen in die Richtigkeit der seelischen Bewegung, in ihre Logik und Sinnhaftigkeit.

In einer essentiellen Bedeutung ging es dabei immer um die ‚Wahrheit'. Wieder und wieder kam mir der Satz: „Die Wahrheit wird euch frei machen"[16] in den Sinn. Sie öffnet uns den Zugang zur Seele und zu Beziehung.

Zuletzt war auch die Angst vor der Unbeständigkeit der Liebe kein Thema mehr. Das für viele Menschen Unzuverlässigste, Flüchtigste, nämlich das Fühlen, erwies sich als das Logischste und Sicherste, vorausgesetzt der richtige Umgang damit war erlernt.

Der Schlager meiner Jugendzeit besang zwar die Liebe ganz im Sinne meiner damaligen Vorstellung als seltsames Spiel – Liebe kommt und geht vom einen zum anderen. Aber offenbar war das vom Schlager Besungene etwas anderes als das, was mir dann begegnete. In meiner späteren Wahrnehmung verhielt sich die Liebe nicht so. Sie ist mir inzwischen das Gewisseste, das ich in meinem Leben kennen gelernt habe. Nur den Glauben möchte ich davon ausnehmen. Er gehört einer anderen Ordnung an.

Die Erfahrungen in der Beziehung mit Anna bilden für mich inzwischen die sichere Basis, wenn ich Menschen begleite, die sich ein Herz fassen und in die Abgründe der Beziehung hinabsteigen, sich in die gefährliche Zone des Loslassens begeben. Das eigene Erleben vermittelt die Sicherheit, die es braucht, diese Menschen zu ermutigen, während sie Wüsten von Ödnis und scheinbarer Sinnlosigkeit durchschreiten. Ich empfinde dann geradezu grenzenlose Solidarität mit denen, die das vielleicht größte Abenteuer auf dieser Welt wagen und sich auf Beziehung einlassen – wobei für mich Partnerschaft und Familie zu den anspruchsvollsten Formen von Beziehung zählen.

Wenn ich heute auf jenen schicksalhaften Moment zurückblicke, da ich nach meiner Bankrotterklärung das Wunder der Wandlung, das ich mir nie hätte träumen lassen, so exemplarisch erfahren habe, dann rundet sich für mich das Bild. Der Nullpunkt des Fühlens war zugleich die Geburtsstunde des tiefsten Fühlens, der Liebe. Die Vorbedingung für diese Verwandlung liegt offen zutage: mich zu mir selbst bekennen, zu dem Nichts in mir ohne Wenn und Aber.

Von dieser Warte aus kann ich sogar die verschrobene Ehephilosophie des jungen Mannes, seine tiefe Angst vor Beziehung besser verstehen und brauche sie nicht mehr belächeln oder gar als neurotisch abtun.

Angesichts der Größe des mir zugefallenen Geschenks und der Gefahren, die das Abenteuer ‚Beziehung' bereithält, vermag ich sogar zu erkennen, wie sinnvoll in meinen jungen Jahren die Angst davor war. Sie entsprach dem, was auf dem Spiel stand.

So dürfen wir denn auch, wenn es um Lieben oder Nicht-Lieben geht, ohne dass wir damit übertreiben würden, den bedeutungsschweren Satz Hamlets bemühen: „Sein oder Nichtsein, das ist hier die Frage!"

Meine persönliche Lebensgeschichte war somit begleitet von einem Bewusstseinsprozess, der meine Sicht vom Menschen nachhaltig prägte; eine Sicht, der – so darf ich wohl annehmen – grundsätzlichere Bedeutung zukommt. In mir wuchs die Erkenntnis, dass der Übergang von Innen nach Außen, das Aus-sich-Heraustreten, das, was die Sprache ‚Äußerung' nennt, jene ‚Selbstüberschreitung' einschließt, die entscheidend das Menschsein ausmacht. Nur der Mensch besitzt die Fähigkeit, sich seinem Gegenüber in einem wesentlichen Sinne zu zeigen und zu offenbaren. Das macht seine Freiheit und seine Würde aus. Kein anderes Lebewesen hat in diesem Ausmaß ein Innen, kein anderes ist derart privilegiert und keines dadurch zugleich so gefährdet. Sich dem Du sichtbar machen – das scheint die Mutprobe schlechthin zu sein. Dadurch gewinnt ein Mensch im übertragenen Sinne sein ‚Profil'.

II. Bernhard und Annabell: Die Sprache der Gefühle verstehen lernen heißt sich miteinander verständigen lernen

Das junge Paar

Bernhard und Annabell, ein junges Paar, führen eine Buchhandlung in einer Kleinstadt des Chiemgaus. Die Eheschließung liegt ein Jahr zurück. Inzwischen wurde ihnen ein Sohn geboren. Mit ausschlaggebend für die Heirat war die ungeplante Schwangerschaft. Die Beziehung gestaltet sich oft schwierig, und für die beiden ist offen, ob sie auf Dauer zusammenleben werden.

Bernhard kenne ich schon länger aus meiner Selbsterfahrungsgruppe an der Universität Salzburg. Ich halte ihn für einen ebenso intelligenten wie sensiblen jungen Mann, dem die ‚soldatische' Erziehung durch seinen Vater – einen hohen Bundeswehroffizier – nicht gut bekam. Als Kind litt er stark unter sozialen Schwierigkeiten mit Altersgenossen. Im Umgang mit seiner Frau fühlt er sich oft ziemlich ratlos. Als wir unsere Gespräche zu dritt beginnen, verrät er mir, er passe auf wie ein Luchs, um in Erfahrung zu bringen, wie ich mit Annabell umgehe und zurechtkomme.

Annabell sehe ich zum erstenmal. Da ich mich mit Bernhard duze, biete ich das auch seiner Frau an. Das tue ich in solchen Situationen, um dem dazukommenden Partner den Einstieg nicht noch mehr zu erschweren, als er für ihn ohnehin schon ist, und um nach Möglichkeit kein Ungleichgewicht entstehen zu lassen. Ich gewinne den Eindruck, dass auch sie es mit sich selber und ihrer Mitwelt nicht leicht hat. Annabell scheint mit einer starken, ja extremen Sensibilität begabt zu sein, die ihr in ihrem Leben zu einer erheblichen Belastung wurde. Die Beziehung zu ihrem Vater war immer unerfüllt geblieben, die Verständigung mit ihm nie richtig gelungen.

Die Arbeit mit Annabell und Bernhard bringt die elementare Bedeutung der *dritten Sprache* eindrucksvoll und anschaulich zur Geltung. Sie zu kennen erweist sich für die Entschlüsselung irrational erscheinender Interaktionen erneut als äußerst wertvoll.[1]

Betrachten wir lediglich die Außenseite eines Beziehungsvorgangs, bietet sich uns vielfach ein absurder Anblick. Lassen wir uns jedoch auf die Idee einer dritten Sprach-Ebene ein – neben der verbalen und der nonverbalen Kommunikationsebene -, dann erkennen wir plötzlich die Gesetzmäßigkeit eines unterschwellig stattfindenden Austausches und empfinden ihn als vollkommen folgerichtig. So können wir die erregende Erfahrung machen, dass das Innere eines Menschen – seine Gedanken, Gefühle Absichten – mit denen des Gegenübers kommuniziert.

Annabell und ich – eine Wackelkontaktbeziehung

Meine „Schnapsidee“ macht zunächst alles zunichte

Beim ersten Gespräch entsteht ein Konflikt zwischen mir und Annabell.

Als Annabell von intensiven und starken Gefühlen bewegt wird, stockt sie plötzlich und meint, sie könne nicht weiter reden, denn sie habe Angst, Bernhard könnte über sie lachen. Da ich Bernhard gut kenne, kommt mir eine solche Befürchtung grotesk vor. Ich versuche, durch eine witzige Bemerkung die Situation zu entschärfen und sage mit freundlichem Lächeln: „Wie kommst du auf diese Schnapsidee"?

Die Wirkung meiner flapsigen Bemerkung ist katastrophal und offensichtlich für Annabell sehr verletzend. Tränenüberströmt verlässt sie den Raum mit der Bemerkung, so sei noch nie jemand mit ihr umgegangen und sie wisse nicht, ob sie hier weitermachen könne. Bernhard folgt ihr.

Mir ist nicht in Erinnerung, dass mir so etwas in den letzten 20 Jahren schon einmal passiert wäre. Ich sitze ziemlich belämmert alleine da und komme mir wie ein Stoffel vor.

Die Situation erscheint mir unverständlich, denn ich war während des Gesprächs von sehr positiven Empfindungen für Annabell erfüllt. Gewiss, ich habe ihr Gefühl nicht ernst genommen, aber konnte es das sein? Alle möglichen Erklärungen schossen mir durch den Kopf. Bald wurde ich fündig.

Tags zuvor hatte Annabell sehr abwertend über ihre Ehebeziehung gesprochen. Ich fühlte mich stellvertretend für Bernhard verletzt und bedroht, registrierte ziemlich abwertende Regungen Annabell gegenüber, die ich in einem Erstgespräch aus gutem Grund nicht aussprechen wollte.

Das also war des Pudels Kern.

Nach kurzer Zeit kommt das Paar in mein Zimmer zurück. Ich ringe mich zur Flucht nach vorne durch im Wissen darum, dass ich angesichts des von Annabell angedrohten Abbruchs alles aufs Spiel setze.

Flucht nach vorn in die Transparenz

Ich berichte Annabell, mir sei schwer vorstellbar, dass allein die ‚Schnapsidee' ihre Betroffenheit ausgelöst habe. Mir erscheine etwas anderes naheliegender und wichtiger, worauf sie reagiert haben könnte, dass ich mich nämlich wegen ihrer Äußerung über die Heirat sozusagen stellvertretend für Bernhard bedroht gefühlt habe, sie mir dabei kalt und herzlos, auch verletzend vorgekommen sei und das meinen Eindruck von ihr beeinflusste.

Während ich spreche, wendet mir Annabell ihr verweintes Gesicht zu. Es drückt angespannte Aufmerksamkeit aus.

Spontan erwidert sie, das habe sie schon öfter gehört, dass andere sich von ihr bedroht fühlten. Sie habe das nie verstehen können. Es sei für sie ein unüberwindlicher Schock, dass Freunde reihenweise die Flucht ergriffen haben, dass ein früherer Freund sie sogar geschlagen habe. Gehe von ihr etwas aus, von dem sie nichts wisse? Provoziere sie gar solche Reaktionen?

Jedenfalls scheint Annabell tief betroffen und sehr daran interessiert zu sein, über jene Seiten von ihr, die für sie im Dunkel liegen, aber vielleicht dennoch existieren, mehr zu erfahren.

Alles weist darauf hin, dass ich mit meiner Rückmeldung

ein Muster getroffen habe, ein Muster, das zwischen mir und Annabell wieder auflebt. Ihre Betroffenheit tut mir gut, und ich kann mich von dem zuvor erlittenen Schreck etwas erholen.

Meine Rückmeldung bewirkt also für den Augenblick keinen Bruch, sondern vielleicht die Wende. Wenn das Verschweigen dessen, was in mir vorgegangen war, zuvor die Störung verursachte und meine Offenlegung jetzt die Veränderung zum Positiven bringt, dann muss meine Annahme, dass die Störung durch das Nichtaussprechen meiner unguten Gefühle während der Anfangsphase ausgelöst wurde, wohl richtig sein.

Noch eine Bemerkung zu dem erwähnten Muster.

Was macht das Muster so schwer durchschaubar? Die Antwort ist wichtig, denn wir haben es mit einer häufigen und tückischen Störung zu tun.

In dem fatalen Ablauf findet nach zwei Richtungen hin eine ‚Verschiebung' statt, eine zeitliche und eine inhaltliche. Die Wirkung meiner unguten Gefühle gegenüber Annabell trat mit zeitlicher Verzögerung – nicht gleich in der Anfangsphase, sondern erst später – ein. Sie manifestierte sich außerdem in einem ganz anderen Zusammenhang, in der ‚Schnapsidee', die sich inhaltlich auf eine spätere Situation bezog. Erst durch die Verschiebung meiner abwertenden Gefühle konnte die witzig gemeinte Formulierung so negativ ‚aufgeladen' werden. Eine derartige Verschiebung verstellt die Einsicht in den Zusammenhang schlichtweg; dieser wird erst durch eine eingehende Analyse zugänglich.

Als ich von diesem Gespräch nach Hause gehe, fühle ich mich richtiggehend zerschlagen und nehme trotz der positiven Wendung am Ende das ‚blöde' Gefühl mit, eine Pleite erfahren zu haben. Noch steht Annabells Aussage im Raum, sie wisse nicht, ob sie wiederkomme. Diese Ungewissheit würde einen Monat andauern. Außerdem frage ich mich, ob nicht doch ich in meinem Ungeschick das Desaster verursacht habe.

Als ich mich nach einem Monat zum nächsten Treffen aufmache und mich dem Institut nähere, sehe ich Bernhard alleine Richtung Hotel gehen. Aha, denke ich, nun hat Annabell ihre Drohung wahrgemacht und ist ausgestiegen. Und bei mir stellt sich wieder das ‚blöde' Gefühl ein.

Bernhard kommt ins Beratungszimmer und begrüßt mich herzlich mit einer Umarmung. Kurz darauf tritt zu meiner Überraschung Annabell ein. Sie scheint ganz fröhlich gestimmt zu sein. Ich verspüre Erleichterung.

Annabell erzählt, sie habe sich auf den Termin gefreut. Immer wieder habe sie gedacht, ich sei ja schließlich doch ein Mensch, womit sie wohl sagen will, ich verhalte mich ‚sehr menschlich'. Als sie eben den Flur entlang gegangen sei und mitbekommen habe, wie ich Bernhard begrüßte und sie meine Stimme gehört habe, habe sie vor Bewegung weinen müssen. Die Beziehung zu ihrem Vater sei eine missglückte Angelegenheit gewesen. Meine Stimme habe in ihr eine eigenartige Sehnsucht nach Verschmelzung geweckt, aber das gehe ja doch alles nicht, und sie habe außerdem Angst davor zu zerfließen. Sie sei froh darüber, dass ich mit Bernhard und ihr arbeite.

Erst, als der Gegenschlag erfolgt, werden mir die ‚süßen Gefühle', die dieses Lob in mir geweckt hat, bewusst, und ich schäme mich nachträglich, dass ich darauf ‚hereingefallen' bin.

Plötzlich meint Annabell, hier sei nicht der geeignete Raum, wo sie aus sich herausgehen könne. Sie wolle es zwar versuchen, aber anderswo fühle sie sich mehr aufgehoben.

Ich bin durch diese schroffe Distanzierung verletzt und verärgert. Nicht zuletzt fühle ich mich durch das kurz vorher erteilte Lob auch an der Nase herumgeführt. Abgesehen davon ruft mir die Situation persönliche Erfahrungen ähnlicher Art in Erinnerung.

Oh, wie ich diese Gefühle kenne!

Ich stehe der Situation mit Annabell völlig ratlos gegenüber: Will ich weiter diese Wechselbäder von Anlocken und Wegstoßen kommentarlos auf sich beruhen lassen oder nicht? Wie kann ich mich ihr gegenüber verhalten, ohne mir selber untreu zu werden?

Ich weiß es einfach nicht.

Um mir klarer zu werden, schlage ich eine Pause vor.

Annäherung durch Einsicht in das Muster

Als wir nachher wieder in unseren Sesseln sitzen, verspüre ich neue Energie. Die Lähmung ist weg, der Kopf frei. Ich erlebe mich wieder konstruktiv und habe den Eindruck, zu wissen, ‚wo es lang geht'. Die Pause hat mich ins Lot gebracht.

Dem Grundsatz „Rückmeldung + Beziehungsangebot!" folgend, lege ich Annabell dar: dass ich das erst Hergeholt- und dann Weggestoßenwerden als demütigend empfinde und auf die Dauer nicht würde ertragen wollen. Und zwar keineswegs, weil ihre Reaktionen sich gänzlich widersprechen, sondern weil ich nicht erfahre, was in ihrem Inneren vorgeht, ich also das Zustandekommen dieser gegensätzlichen Reaktionen nicht mit vollziehen kann. Wüsste ich, was sich in ihr abspielt, könnte ich mit dem Wechsel bestimmt umgehen. Es komme mir infolge dessen hauptsächlich darauf an, dass sie mich an dem, was sie bewegt, teilnehmen lasse. Das verschaffe mir die Chance, mich in sie einzufühlen.

Darauf antwortet Annabell ihrerseits mit einer Offenlegung, die Licht in die Vorgänge bringt. Sie geht zurück zu der Situation, da sie mitbekam, wie Bernhard und ich uns bei der Begrüßung umarmten und sie, als sie meine Stimme hörte, in Tränen ausbrach – sie sagt, weil sie mich am liebsten auch umarmt hätte, aber nicht den Mut dazu fand.

Sie erklärt ihr Verhalten. Dass sie mich nicht umarmt hat, liege an ihrer Unfähigkeit, einem spontanen Antrieb zu folgen. Anstatt einfach zu handeln, fühle sie sich durch eine dumme Hemmung gebremst. Dann spüre sie ihre Unzulänglichkeit besonders stark und fange an, an sich zu zweifeln.

Ich beginne zu ahnen, dass ihr Hin-und-Hergerissensein zwischen Antrieb und Blockierung die Ursache für ihren Zickzackkurs sein könnte, sowohl für das Anlocken als auch für das Wegstoßen.

Durch ihre selbstabwertende Sicht schätzt sie die Situation falsch ein, denn sie bewertet sie zu ihren Ungunsten. Für mich stellt sich diese Situation anders dar. Annabell konnte schließlich nicht wissen, in welcher Verfassung ich in unsere Zusammenkunft hineinging und sie begrüßte. Da hing mir noch die Pleite mit der ´Schnapsidee´ vom erstenmal nach, stand noch ihre Drohung des Gesprächsabbruchs im Raum. Das alles hatte mich mißtrauisch gemacht, ich war äußerst reserviert. Insofern wundert es mich überhaupt nicht, dass sie ‚blockierte', mich also nicht umarmen *konnte.*

Jedenfalls hätte Annabell mit ihrer ‚Umarmungshemmung' kaum präziser auf mein inneres Befinden reagieren können. Aber das weiß sie nicht. Nur mir ist bekannt, dass das die einzig stimmige Reaktion auf meine ‚Ausstrahlung' war. Ich hätte sie auf der Selbstabwertung sitzen lassen und ihr vermitteln können: Du bist ganz schön dumm, wenn du deine spontanen Impulse abwürgst!

Aber gerade diese Situation, in der jemand auf meine geheimen Gefühle und ‚Hintergedanken' in irgendeiner für ihn unvorteilhaften Art reagiert, sich dann selber des Versagens bezichtigt und abwertet, diese Situation fordert mich heraus; ich kann dieser Herausforderung nicht mehr ausweichen und will es genau genommen auch nicht. Es läuft dem Gebot der Fairness zuwider, wenn ich mich bedeckt halte. Ich muss mich bekennen, denn es liegt in meiner Hand, ob sich mein Gegen über schlecht fühlt oder ich ihm Gerechtigkeit widerfahren lasse, so dass es wieder mit sich ins Reine kommen kann.

Ich denke, mein Verhalten hat nichts mit Selbstverleugnung und wenig mit Edelmut zu tun, es entspringt eher einer instinktiven Selbstliebe. Denn ich würde einen hohen Preis dafür bezahlen, wenn ich mich nicht fairerweise offenlegte: ich müsste mit ansehen, wie sich mein Gegenüber als minderwertig erlebt, weil es nicht weiß, was in mir vorgeht und infolge dessen von mir ausgeht, das würde auch mich in ein miserables Befinden hineinmanövrieren. Davor habe ich schlichtweg Angst. So einfach ist das.

Also erläutere ich Annabell meine Sicht der Begrüßungssituation. Ich mache ihr klar, wie sensibel und exakt sie reagiert hat, dass sie sich folglich auf ihr Gefühl absolut verlassen dürfe, in diesem Fall auf ihre Hemmung, mich zu umarmen; dass sie ihre Reaktion nur nicht richtig gedeutet beziehungsweise eingeordnet habe. Kurz und gut, ich hebe ihr die Sinnhaftigkeit ihres Verhaltens ins Bewusstsein und schätze das, was sie an sich selber negativ bewertet hat, hoch ein. Denn was hätte angesichts meines Misstrauens ihr gegenüber und meiner dezidierten seelischen Distanz zu ihr angemessener sein können als ihre Umarmungshemmung? Noch einmal versichere ich Annabell, das Problem für mich sei nicht eigentlich ihr Zickzackkurs. Schließlich war ich selber daran beteiligt. Das Problem empfände ich allein solange, als ich nicht verstehe, was sich zwischen uns beiden abspielt.

Meine Offenheit ist für Annabell sichtlich von größter Bedeutung. Verschiedenen Bemerkungen konnte ich entnehmen, dass sie in ihrer Kindheit unsäglich gelitten haben muss, weil viele Vorgänge in ihrem sozialen Umfeld für sie nicht durchschaubar waren. Infolge ihrer extremen Sensibilität reagierte sie wahrscheinlich oftmals auf die versteckten Hintergründe ihrer Mitwelt, doch diese weigerte sich, ihr die Richtigkeit ihrer Reaktionen zu bestätigen. Und jetzt war ein Raum entstanden, wo die Dinge völlig durchsichtig werden durften. Hier konnte sich gegenseitiges Verstehen entwickeln, und zwar in verschiedener Hinsicht und auf verschiedenen Ebenen.

Annabell versteht sich selber besser, weil sie deutlicher erkennt, wie sie hin und her gerissen wird zwischen Sehnsucht nach Verschmelzung und dem Impuls zu schroffer Distanzierung. Sie schwankt zwischen einer Nähe, die nicht stimmt, und einer Distanz, die nicht stimmt.

Aufgrund dieser Einsicht versteht sie mich besser und wird gewahr, dass dieses Gezerre von Herholen und Wegstoßen kein Mensch auf Dauer ertragen kann und will.

Ich wiederum bin in der Lage, mich in Annabell einzufühlen und mitzuvollziehen, was in ihr vorgeht. Denn sie lässt mich daran teilnehmen. So kommt mir meine eigene Beteiligung an ihrem Verhalten wie auch an unserem ‚Wackelkontakt-Verhältnis' zu Bewußtsein. Dadurch werden ihre zuvor störenden Reaktionen für mich unproblematisch.

In dieser Phase des Gesprächs entfaltet die Transparenz ihre positive Wirkung. Ich habe alle wesentlichen Dinge offengelegt, dadurch Annabells negative Selbsteinschätzung korrigiert und ihr sozusagen ihr integres Selbstbild zurückgegeben. So entsteht Kontakt, Vertrauen zueinander und Sicherheit, so entsteht Beziehung.

Eingehen auf die Partnerin/den Partner

Warum für Bernhard Einfühlung nicht möglich war

Während der Fortsetzung des Gesprächs gerät Annabell in einen Zustand der Traurigkeit. Bernhard meint, er könne nicht darauf eingehen, gewinne keinen Zugang zu ihrer Stimmung.

Was ist der Grund für dieses Unvermögen?

Ist der Ehemann unfähig zur Einfühlung? Das wäre ein typischer Vorwurf in dieser Partnerbeziehung. Oder enthält die Äußerung Annabells eine Unstimmigkeit, die dazu führt, dass die gewünschte Resonanz – verstanden zu werden – ausbleibt?

Eine stimmige Äußerung ermöglicht dem Empfänger der Botschaft in der Regel spontane Einfühlung. Fühlt er sich ‚blockiert', ist das häufig ein Hinweis auf eine vom Sender ausgehende Störung. Da Bernhard ‚blockiert' ist, müssen wir also fragen, ob Annabell etwas Wichtiges noch nicht ausgesprochen hat.

Ich erarbeite mit den beiden den Hintergrund.

Wie schon erwähnt, ist bei diesem Paar die Äußerung zarter Empfindungen besonders angstbesetzt, weil solche Äußerungen bisher häufig Verletzungen nach sich zogen und damit eine starke Verunsicherung im Verhältnis zueinander begründeten.

Wenn Annabell nun Traurigkeit bekundet, dann mischt sich dem verständlicherweise ein erhebliches Maß an Misstrauen bei, denn sie rechnet damit, bei Bernhard aufzulaufen – was in gewissem Sinn auch tatsächlich der Fall ist. Vielleicht hat sie das ohnehin nur zu sagen gewagt, weil sie sich durch meine Gegenwart sicherer fühlte. Neben dem Misstrauen dürfte angesichts der früheren Verletzungen auch noch eine mehr oder weniger spürbare Aggression bestehen, so dass ihre Botschaft im Ganzen ungefähr lauten wird: Ich bin traurig, aber du gehst ja doch nicht auf mich ein!

Es erscheint logisch, dass man auf einen solchen Mischmasch von Empfindungen nicht mit Empathie zu antworten vermag. Denn etwas so Subtiles und Spontanes wie Empathie wird wahrscheinlich rasch verunmöglicht, wenn bei demjenigen, der sich das Mitfühlen wünscht, irgend ein Misston mitschwingt.

Diese Art Vorwurf ist in vielen Beziehungen an der Tagesordnung: Du verstehst mich nicht, du bist gefühllos, dir geht jedes Einfühlungsvermögen ab! Damit wird meist mehr oder weniger offenkundig behauptet, der andere sei in emotionaler Hinsicht ein Stoffel. Diese entehrende Anschuldigung entspricht häufig nicht den Tatsachen. Denn die ‚Blockierung' des Beschuldigten geht oft weniger auf dessen prinzipielle Unfähigkeit, sondern vielmehr auf eine vom Gegenüber ausgehende Störung zurück.

In unserer Kultur wird dieser Vorwurf besonders oft von der Frau – die für sich Sensibilität in Anspruch nimmt – dem Mann gegenüber erhoben. Gewiss ist aufgrund der Erziehung die Sensibilität der Frau wesentlich mehr geschult als die des Mannes. Aber das erklärt diesen Konflikt in der Beziehung der Geschlechter nur zum Teil.

Ein wesentlicher Teil wird dabei meist übersehen. Denn die Frau wird vielfach deswegen nicht verstanden, weil sie sich nicht ganz authentisch verhält. Auch das hat seine Gründe. Sie liegen im Verlauf der Beziehung, der häufig eine bestimmte Richtung nimmt. An seinem Anfang steht ein Gefälle, was die Gefühlsentwicklung der beiden Partner anbelangt, kurz gesagt: die Frau will mehr Nähe, der Mann mehr Abstand. Das führt dazu, dass die Frau mit ihren Gefühlsäußerungen lächerlich gemacht wird. Das lässt sie zunehmend unsicherer werden in der Äußerung ihrer Empfindungen. Abgesehen davon werden ihre Gefühlsäußerungen im weiteren – ohne dass das der Frau bewusst sein muss – die ganze Enttäuschung und den aufgestauten Ärger über ihre erlittene Schmach enthalten. Die Frau vermeint dann beispielsweise einen Wunsch zu äußern, der Mann blockiert und reagiert dabei – ohne dass ihm das klar ist – vor allem auf den mit dem Wunsch vermischten Vorwurf.

Das ist genau das Muster, das auch zwischen Bernhard und Annabell ablief; obschon Bernhard ein ausgesprochen sensibler Mann war, verunmöglichte es ihm Annabell sozusagen, auf sie einzugehen.

Als Gesprächsbegleiter und Gruppenleiter passiert es mir immer wieder, dass ich mich, genau genommen, nicht einzufühlen vermag. Ich höre mein Gegenüber von seiner großen Not reden, und ich *glaube* den Worten auch ohne weiteres. Aber ich bleibe unberührt davon. Das veranlasst mich dann, mich in den anderen *hineinzudenken* und mir seine Situation auszuphantasieren. Kommt sie mir fürchterlich vor, wundere ich mich um so mehr, wie wenig ich empfinde.

Nach meiner Erfahrung führt die Unfähigkeit eines Menschen, sein Befinden einem Zuhörenden emotional zu vermitteln zu einer Beziehungsstörung. Dabei handelt es sich um eine zentrale und äußerst häufige Beziehungsstörung.

Immer wenn ich in einer solchen Situation nur mit meinem guten Willen und meinem Kopf reagiere, ohne spontan mitzuschwingen, fühle ich mich unzulänglich, obschon mir mein Verstand ganz klar sagt, mein Defizit gehe mit Sicherheit auf eine Störung beim Gegenüber zurück. Hemmung, Blockierung und Gefühle von Unzulänglichkeit oder Versagen sind wichtige diagnostische Kriterien für eine solche Störung. Ich weiß: Sobald ich die Hintergründe erfahre, löst sich jegliche Beeinträchtigung auf, und ich vermag das Gegenüber unmittelbar zu spüren.

Auch im nächsten Beispiel geht es darum, dass jemand nicht auf sein Gegenüber eingehen kann – und zwar nicht auf dessen Wünsche. Dabei ist dies für eine Beziehung von zentraler Bedeutung, ihr Glück, ob sie erfüllt ist oder frustrierend, hängt schließlich davon ab.

Warum es für Annabell unmöglich war, auf einen Wunsch von Bernhard einzugehen

Der Ablauf: Bernhard war spät abends müde und zerschlagen von der Arbeit nach Hause gekommen. Annabell saß vorm Fernseher. Normalerweise holte sich Bernhard selber das gekühlte Bier aus dem Keller. Aber jetzt sehnte er sich danach, ein bisschen verwöhnt zu werden. Auf seinen erschöpften Zustand hinweisend, bat er Annabell, ihm das Bier aus dem Keller zu holen. Sie weigerte sich.

Wieder stehen wir vor der Frage: Was lief hier schief? Ist Annabell wirklich das Luxusweibchen, narzisstisch und egoistisch, unfähig, auf seinen Mann einzugehen? (Wie mag sie sich wohl vorgekommen sein, als sie vorm Fernseher sitzend ihrem müden Mann diesen Liebesdienst versagte?)

Oder müssen wir den Fehler bei Bernhard vermuten?

Oben habe ich bereits darauf hingewiesen, dass vorangegangene Verletzungen es den beiden zunehmend schwerer machten, heikle Empfindungen zu äußern. Das gilt für Bernhard nicht weniger als für Annabell. In solche Äußerungen mischen sich deshalb leicht Angst, Unsicherheit, Misstrauen und Kritik. ‚Selbsterfüllende Prophezeiung' nennt es die Kommunikationspsychologie, was in diesem Fall soviel heißt wie: Du wirst sehen, wenn ich ‚einmal' einen Wunsch äußere, wird meine Partnerin es ablehnen, ihn zu erfüllen.

Häufig – nicht immer – lehnt das Gegenüber jedoch nicht deswegen ab, weil es so ablehnend ist, sondern weil es von seinem Partner dazu gemacht wird. In seiner Befürchtung, seinem ‚Vorurteil' definiert er den Adressaten des Wunschs als Egoisten, was sich diesem wiederum zweifellos ‚per Ausstrahlung' vermittelt – und häufig zur Verweigerung führt.

So auch in unserem Fall.

Es zeigt sich, dass für Bernhard zwar sein Wunsch im Vordergrund stand. Aber dahinter verbarg sich die lang angesammelte Verunsicherung und Angst. Hinzu kam noch eine gehörige Portion Aggression angesichts der gedanklich vorweggenommenen Verweigerung Annabells: „Sie wird ja doch nicht ..."

Ein oberflächlicher Beobachter sagt vielleicht: Dieses faule Miststück – der arme Bernhard! Doch wir müssen berücksichtigen, der Wunsch war durch die ihn begleitenden Gefühle entstellt, also insgesamt ein Mischmasch aus Sehnsucht und verborgener Wut. Auf einen derart verzerrten Wunsch konnte die Frau im Grunde gar nicht eingehen.

So simpel ist die Logik der Interaktion.

Sie gehorcht eher dem Gesetz der Gefühlslogik, als dass sie unserem Willen folgt. Beziehen wir die Hintergrundgefühle des Wunsches ein, wird Annabells Reaktion verständlich.

Erinnern wir uns an Dostojewskij: „Es gibt nichts Schwereres als Aufrichtigkeit. Wenn der Ton nur um ein Hundertstel falsch ist, kommt sofort eine Dissonanz heraus und danach ein Zerwürfnis."

Und hier lag der Ton beileibe mehr als um ein Hundertstel daneben.

Wäre Bernhard in der Lage gewesen, Annabell seinen Wunsch zärtlich ins Ohr zu flüstern, sie hätte ihn vielleicht mit Freude erfüllt. Freilich, wo sollte Bernhard die Zärtlichkeit hernehmen?

Dass im Kontakt prinzipiell eine Wechselwirkung stattfindet, wir also immer auf das Gesagte und Nichtgesagte unseres Gegenübers reagieren, führt hier entsetzlicherweise dazu, dass die Wunschäußerung der einen Seite in wachsendem Maße verzerrter und die Blockierung auf der anderen zunehmend starrer wird, denn der unausgesprochene Hintergrund wird immer mächtiger und überschattet nach und nach alles.

Um diese Dynamik umzukehren, bedarf es eines mühsamen Lernprozesses. Beide Partner sollen im Schutzraum unserer Gesprächssituation den Mut finden, sich zunehmend angstfreier und damit authentischer gegenüberzutreten.

Die beiden Beziehungsstörungen – Unfähigkeit zur Einfühlung und Unfähigkeit zur Wunscherfüllung – bestimmen heute zwischenmenschliche Beziehungen in hohem Maße. Tragisch ist dabei, dass zumeist allein eine Seite als unfähig bezichtigt wird: der unsensible Stoffel, die egozentrische Neurotikerin. Eine sachliche, beziehungspsychologische Betrachtung dagegen fällt keine moralischen Urteile, sondern fragt: Was wird nicht wahrgenommen, was wird nicht ausgesprochen?

Nachdem das klar herausgearbeitet ist, erübrigt sich jede Bewertung.

Auf Wünsche nicht eingehen können oder wollen – ein zentrales Thema in Nahbeziehungen

Es überrascht oft, wie wenig Partner imstande sind, auf die Sehnsucht des anderen nach ein bisschen Verwöhntwerden einzugehen oder seine wichtigsten Wünsche zu erfüllen – zumal diese oft gar nicht so anspruchsvoll zu sein scheinen. Das führt leicht dazu, dass die Beziehung austrocknet oder gar aushungert, denn ein gewisses Maß an Erfüllung gehört ganz einfach zum seelischen Existenzminimum des Menschen, vor allem in einer Nahbeziehung, die ja auch erhebliches Engagement von ihm oder ihr verlangt.

Im Verlauf zahlloser Interaktionsanalysen, die ähnlich abliefen wie die geschilderte zwischen Bernhard und Annabell, kam ich zu einem für mich einigermaßen unerwarteten Schluss. Ich möchte zunächst auf sich beruhen lassen, inwieweit ein Mensch wirklich *nicht auf jemand anderen eingehen kann* oder *nicht will.* Wichtiger scheint mir hier zu sein – und das führt zu meinem Schluss hin –, dass beide Störungen, auf jemand nicht eingehen und jemandes Wunsch nicht erfüllen, gleichermaßen häufig vorkommen, letztere aber schwerwiegender ist, weil ihre Ursache verborgen bleibt. Sie liegt, was zunächst niemand vermutet, nämlich beim Wünschenden selbst. Die Äußerung des Wunsches ist durch begleitende Empfindungen so entstellt, dass das Gegenüber darauf gar nicht eingehen *kann.* Trotzdem wird ihm die Schuld gegeben; dabei wird die Blockierung fälschlicherweise als Egoismus gedeutet, und der Wünschende erkennt nicht, in welchem Ausmaß er seinerseits durch das Verquere seiner Botschaft die Erfüllung seines Wunsches verunmöglicht. Denn – zu diesem Schluss kam ich:

Auf ein nicht-authentisches Bedürfnis kann man im Grunde nicht eingehen.

Natürlich kann sich auf beiden Seiten – bei demjenigen, der einen Wunsch äußert, und bei demjenigen, an den der Wunsch gerichtet ist – etwas einmischen, das die Wunscherfüllung erschwert oder unmöglich macht.

Schauen wir zunächst dem Wünschenden zu. Was trägt er selber dazu bei, dass man auf seine Wünsche nicht oder nur so eingeht, dass er im Grunde nichts bekommt, leer ausgeht? Welche Störung steckt in der Wunschäußerung?

Der Wunsch Bernhards, Annabell möge ihm das Bier aus dem Keller holen, war deswegen verstümmelt, weil er sich mit Misstrauen und Aggressionen vermischte. Das Bedürfnis selber war in Ordnung, doch die Äußerung wurde unstimmig, weil nur der Wunsch, aber nicht das Misstrauen und die Aggressionen offen gezeigt wurden; sie liefen nur unter der Hand mit.

Eine andere Unstimmigkeit kann darin bestehen, dass es sich bei dem Wunsch um ein *nicht-authentisches Bedürfnis* handelt, das heißt, das Bedürfnis selber ist problematisch.

Auf ein authentisches Bedürfnis reagieren wir meist zugewandt, auf ein nicht-authentisches abwehrend, etwa wenn wir genau spüren, der andere will uns mit seinen Wünschen an die Kandare nehmen, einen Liebesbeweis erzwingen, sonst wie gängeln oder gar tyrannisieren. Im Hintergrund des Wunsches steht dann ein nicht-authentisches Bedürfnis, ein Bedürfnis, das nicht stimmig ist, sondern beispielsweise kompensatorischen Charakter hat. Jede und jeder kennt von sich selber solche nicht-authentischen Bedürfnisse. Als authentisch/‚natürlich' ist beispielsweise ein Essbedürfnis dann zu bezeichnen, wenn wir entsprechend lang keine Nahrung zu uns genommen haben. Auf komplizierten Umwegen kann auch aus Frustration ein Essbedürfnis entstehen. Das Essen entartet dann zur Ersatzhandlung.

Das spüren wir in dem Augenblick, da wir selber Adressat der Wunschäußerung sind. Hat jemand wirklich Hunger, werden wir ihm lieber Nahrung zubereiten und die notwendige Mühe dazu aufbringen, als wenn sich jemand nur langweilt und deswegen nach Essen verlangt.

Wir sehen: Auf ein nicht-authentisches Bedürfnis kann man im Grunde nicht eingehen. Seine Äußerung löst nämlich, da es sich um eine nicht-authentische Botschaft handelt, im Adressaten eine Blockierung der spontanen Gefühlszuwendung aus. Stellen wir uns selber als diejenigen vor, an die ein nicht-authentischer Wunsch adressiert ist. Vielleicht bringen wir es fertig, nach außen hin darauf einzugehen, aber innerlich nicht. Selbst wenn wir das wollten, gelänge es uns nicht. Ein ‚von Herzen' ist unmöglich. Wenn wir nach außen hin trotzdem auf den Wunsch eingehen, dann mit all den problematischen Folgen, die Halbherzigkeit nach sich zieht.

Für mich ist es beim Begleiten der Gruppen sehr wichtig geworden, genau zu beobachten, ob ich spontan auf einen Wunsch einzugehen vermag oder ob gewisse Blockaden in meinem Fühlen vorhanden sind. Wenn jemand in der Lerngruppe ‚sich meldet', um sein Problem zu bearbeiten, dann ist vielleicht gerade mein innerer Widerstand der wichtigste Hinweis auf die Problemlage. Das am Anfang dieses Buchs angeführte Beispiel von Katharina und ihrer widerspenstigen kleinen Tochter Beate veranschaulicht das. Ich merkte, dass ich auf Katharina im Grund nicht eingehen mochte. Im

Nachhinein kam heraus, dass die Mutter unter großer Anspannung stand und diese Anspannung von ihrer Umgebung als Druckausübung empfunden wurde. Genau dadurch erklärte sich die Widerspenstigkeit des Kindes – und die meine. Das Muster war dasselbe.

Und nun noch eine Bemerkung zu den häufigen *Wechselwirkungen* solcher Beziehungsvorgänge.

Keine Komplikationen entstehen, wenn wir als Empfänger einer Wunschäußerung ‚von Herzen' auf einen an uns gerichteten Wunsch eingehen können.

Problematisch wird es, wenn wir keinerlei Lust oder sogar massiven Widerstand verspüren und daher die Wunscherfüllung verweigern. Der Widerstand kann verschieden stark sein bis hin zu einer echten Blockade oder Lähmung.

Denkbar ist auch, dass wir zwar keine Lust haben, den Wunsch zu erfüllen, dem Gegenüber aber dennoch entgegenkommen, weil wir es für notwendig halten, etwa weil der andere diese oder jene Hilfe braucht.

Wieder etwas anderes ist es, wenn wir nur mit Widerwillen auf den Wunsch eingehen, etwa, um vor der Mitwelt nicht als rücksichtslos dazustehen.

All diese unterschiedlichen Abläufe werden sich unterschiedlich auf das Geschehen zwischen den Beteiligten auswirken. Eine von Herzen kommende Zuwendung erreicht den Adressaten in der Regel. Sein Wunsch ist erfüllt, er kann zufrieden sein. Meist erreicht ihn auch eine aus Vernunft und Einsicht in die Notwendigkeit kommende Zuwendung, die mit Überzeugung gegeben wird.

Anders ist es, wenn wir dem anderen nur entgegenkommen, weil wir nicht den Mut haben, uns zu verweigern. Vielleicht erfüllen wir den Wunsch nach außen hin geradezu perfekt, obwohl ihm das Wesentliche, das ‚von Herzen' fehlt oder sich Unmut beimischt. Dann tritt häufig der Effekt ein, dass der Empfänger unzufrieden bleibt, ja geradezu unersättlich zu sein scheint. Bei Paarbeziehungen ein häufiges Phänomen: Je größer der Einsatz bei einer nicht-authentischen Zuwendung ist, um so unersättlicher reagiert der Empfangende – ein zermürbender Teufelskreis.

Bei der gängigen Beurteilung dieses Ablaufs wird der Einsatz des einen als heroisch gewertet, das Verhalten des anderen als Unersättlichkeit. Aber in Wirklichkeit ist der Sichzuwendende maßgeblich an der Unzufriedenheit seines Gegenübers beteiligt.

Bei der *Therapie* dieser Beziehungsstörungen heißt es wieder: Wahrnehmen und mitteilen!

Derjenige, der einen Wunsch erfüllen soll, müsste beispielsweise deutlich sehen – und natürlich auch aussprechen –, dass er eigentlich nicht will. Unterlässt er das und erbringt lediglich eine Pflichtleistung, dann hat er damit zu rechnen, dass der Wünschende unzufrieden bleibt. Der Wünschende wiederum müsste sich bewusst machen, was bei dem Wunsch sonst noch alles mitspielt und eventuell zu dessen Verzerrung führt: Bequemlichkeit, Faulheit, Dominanzgelüste, Aggression, Funktion des Wunsches als Liebestest usw. Sobald er das sieht und ausspricht verliert er eigentlich jeden Anspruch auf die Erfüllung eines solch verqueren Bedürfnisses.

Bernhard und ich: von der Beziehungsangst über die Offenheit zum Vertrauen

Beziehungsangst ‚live' – das Befürchtete tritt ein

Bernhard hat in seinem Leben sehr schmerzhafte Kontaktabbrüche erfahren. Daher erzeugt es immer Angst, wenn er sich auf eine Beziehung einlässt. Er muss den Kontakt also entsprechend dosieren oder sich zurücknehmen können, damit sich diese Angst in Grenzen hält.

Die Eiswüste

Bei meiner Arbeit mit Bernhard ist Annabell anwesend.

Bernhard beschreibt seine Lebensgrundstimmung – was er

sagt, lässt mich fast schaudern. Er fühle sich sozusagen immer allein, lebe fortwährend in Angst; in der Angst davor, verletzt zu werden. Daher habe er ständig einen Schutzschild um sich. Da gebe es zwar einen Kanal nach draußen, der sich öffne und dann wieder schließe, das ändere aber nichts an der Grundbefindlichkeit.

Mir eröffnet sich die entsetzliche innere Isolation dieses jungen Mannes. Als er von ,Verstoßensein' spricht, erschrecke ich richtiggehend. Bernhard meint, er komme sich vor wie in einer Eiswüste.

Als ich ihn frage, ob und wie er diesen Zustand der Isolation und der Angst im Augenblick erlebe, sagt er, er spüre das auf der Haut, im Gesicht, überall. Ich veranlasse ihn, im Sinne der Selbstwahrnehmung, sich auf diese Empfindung zu konzentrieren. Das tut er denn auch. Der Schmerz bohrt sich in seiner Vorstellung durch die Haut in den Arm, frisst sich bis in den Armknochen. Im Hintergrund hört Bernhard hämisches Lachen.

Er fügt hinzu, es gelinge ihm nicht oder nur punktuell, aus diesem Zustand herauszukommen. Seiner Frau ergehe es im Grund nicht viel anders, und sie beide erwarteten vergeblich voneinander, dass der jeweils andere ihn heraushole.

Ich bin durch Bernhards Schilderung seiner Lebensgrundstimmung der Angst, der Isolation und des ,Verstoßenseins' ziemlich betroffen, erlebe mich sehr offen und möchte noch mehr von dem verstehen, was in ihm vorgeht und ihn bewegt. Wir stehen augenblicklich also in einem intensiven Kontakt zueinander.

Bernhard fühlt sich während unseres Gesprächs offensichtlich besonders gut. Als er berichtet, welche Vorbehalte er in Beziehungen aus Angst vorm Verletztwerden aufbaut und dabei die drastische Formulierung wählt: „Jetzt ist es wohlig, und dann kommt der Dolch!", schrecke ich auf.

Was ist es, das mich irritiert?

Die Schrecksekunde setzt bei mir einen Bewusstseinsprozess in Gang, der mich in Atem hält.

Die Angst vor Kontaktabbruch scheint für ihn auch jetzt aktuell zu sein. Freilich bin ich im Augenblick offen für ihn und sehr präsent. Ich merke, wie ich Gefahr laufe, seine Befürchtung zu dementieren und zu beteuern, dass ihm so etwas mit mir nicht passieren kann.

Aber stimmt das denn wirklich?

Das martialische Bild vom gezückten Dolch hat mir plötzlich die Vorbehalte, die in mir ihm gegenüber neben den positiven Empfindungen *auch* vorhanden sind, ins Bewusstsein gerufen. Blitzartig wird mir klar, dass ich diese Eiswüste als bedrohlich erlebe, dass mich, genau genommen, fröstelt, dass ich gar nicht zu nahe an diesen Menschen herangehen möchte, weil ich vor dieser Ausstrahlung von Kühle, Beziehungslosigkeit und Isolation ganz einfach Bammel habe und deshalb Sicherheitsabstand halten will.

Zu diesen Gedanken kommt noch etwas anderes. Ich weiß, dass Menschen von solcher Spürigkeit wie Bernhard nur mit der Wahrheit gut leben können, dass man ihnen nichts vormachen kann und gerade der Versuch, ihnen etwas vorzumachen, ihre Isolation wesentlich bedingt, so dass hier nur rückhaltlose Offenheit weiterhilft.

Ich stehe also vor der Hürde sagen zu müssen: Genau so, wie du befürchtest, ist mein Kontakt zu dir. Er ist mit massiven Vorbehalten beladen.

Mein Gegenüber täuschen zu wollen wäre sinnlos. Also bleibt mir nur, die Sache anzugehen.

Alle diese Überlegungen laufen in Bruchteilen einer Sekunde ab. Denn als Bernhard sagt: „Jetzt ist es wohlig, und dann kommt der Dolch!", bricht es spontan aus mir heraus: „Der Dolch ist schon da!"

Der Augenblick der Wahrheit

Ich beschreibe, wo ich im Augenblick stehe: Dass ich einerseits ganz offen für ihn sei, dass es mich andererseits nicht sonderlich zu ihm hinziehe, weil mich seine ‚eisige' Ausstrahlung bedrohe – sie lasse mich eher einen Sicherheitsabstand einnehmen; dass es mir schwerfalle, mir selber und ihm das einzugestehen, ich aber keinen anderen Weg sähe als Offenheit.

Menschen, die in ihren ersten Beziehungserfahrungen während der Kindheit stark verunsichert wurden, haben häufig ein Frühwarnsystem entwickelt. Sie nehmen Kontakt auf, brechen ihn aber dann von sich aus ab. Das ist für sie immer noch leichter auszuhalten als das passive Erleiden eines Kontaktabbruchs durch das Gegenüber, das Sitzengelassenwerden.

Wenn ich nun die Angst Bernhards vor Beziehungsabbruch quasi als berechtigt bezeichne und sie ihm nicht auszureden versuche, bestätige ich seine Befürchtung, weil ich mich ja tatsächlich in Distanz begebe. Der Sachverhalt ist ziemlich komplex: Zwar tritt dadurch das von ihm Befürchtete ein – die Distanzierung -, aber in gewisser Weise auch nicht, denn der Grundsatz „Rückmeldung + Beziehungsangebot" macht es möglich, beides zu verbinden. Während ich sage: „Deine Ausstrahlung lässt mich Abstand zu dir nehmen, darüber möchte ich mich mit dir austauschen", stelle ich auf seltsam paradoxe Weise beides zugleich her: Distanz und Nähe.

Indem ich also die Angst und Befürchtung Bernhards bestätige, unterlaufe ich sein Frühwarnsystem, das ihn immer in Atem und in Unsicherheit hält. Er muss nicht mehr spekulieren, sondern hat Gewissheit. Das wiederum ist ihm das Wichtigste. Die Klarheit macht ihn nämlich stark.

Die zwei Ebenen des Beziehungsgeschehens: unmittelbare Gefühle und die Freiheit, sich darüber zu verständigen

Als ich an Bernhard die Frage richte, wie es ihm nach meiner Rückmeldung ergehe, antwortet er, er sei enttäuscht, aber die Klarheit tue ihm gut. Er erfährt mich als Gegenüber, bei dem er kein Misstrauen entwickeln und phantasieren muss, sondern genau weiß, woran er ist. Beziehung läuft wie gesagt auf zwei unterschiedlichen Ebenen ab, die im weiteren Gesprächsverlauf auch deutlich zutage treten.

Auf der *emotionalen Ebene* zeigt sich bei mir ein Frösteln; es erzeugt eine Art von Nicht-Nähe. Statt wohltuendem unmittelbarem Berührt- und Hingezogensein empfinde ich ein Vakuum, einen Leerraum zwischen uns, eine Unvertrautheit und Fremdheit, die ich als schmerzliche Einschränkung erlebe.

Von Bernhard höre ich Ähnliches.

Erst jetzt wird uns beiden bewusst, dass es da noch etwas anderes gibt, sozusagen eine *übergeordnete Ebene.* Indem wir uns gegenseitig die Wahrheit über die augenblickliche Situation zwischen uns zumuten, oder anders gesagt, das Geschenk der Wahrheit austauschen, findet zugleich ‚Begegnung' statt – ein seltsam paradoxer Vorgang. In dem Augenblick, in dem man sich über die faktische Distanz austauscht, entsteht Vertrauen in die beiderseitige Verlässlichkeit, entsteht Beziehung.

Bernhard selber ist verblüfft über diese Erfahrung und meint, auf dieser übergeordneten Ebene bestehe nach seinem Empfinden überraschenderweise keine Einschränkung. Ja, er könne die gerade erfahrene Art der Begegnung als ‚vollkommen' beschreiben. Er trifft damit exakt das, was ich selber auch empfinde.

Annabell ist unserem Gespräch aufmerksam gefolgt. Sie zeigt sich erleichtert, geradezu begeistert. Wenn das so sei, dann dürfe auch sie sich zu ihren inneren Verweigerungen bekennen, müsse allerdings den dazugehörigen Schmerz der Nicht-Nähe aushalten.

Mir wird an dieser Stelle etwas Wesentliches klar, und ich spreche es auch aus. Schmerz und eine gewisse Nicht-Nähe gehören zum Wesen der Beziehung zwischen Annabell und Bernhard, selbst wenn diese sich punktuell und zeitenweise auch anders gestaltet. Wenn die beiden Partner das nicht verstehen und als zu ihrer Beziehung gehörend anzunehmen lernen, können sie sich nur noch gegenseitig bekämpfen.

Wider Erwarten haben sich die beiden Ebenen verbunden.

Die erste Überraschung bestand darin, dass – wie Bernhard feststellte – auf der Ebene der Begegnung in gewissem Sinn keine Einschränkung herrschte, es ‚vollkommen' war, obwohl die Nähe-Gefühle ausblieben beziehungsweise sehr nüchtern blieben.

Bernhard meint nun plötzlich, *das sei jetzt eine Familie.* Ich verstehe erst nicht und frage nach, was er damit sagen wolle. Noch während ich die Frage stelle, wird mir bewusst, was sich inzwischen über das Bisherige hinaus auch verändert hat. An die Stelle der eben noch vorhandenen Distanz ist Verbundenheit und Nähe getreten, eine Nähe, die kurz zuvor noch unmöglich erschien. Das Gefühl von Distanz hat ganz anderen Empfindungen Platz gemacht.

Bernhards Aussehen und Ausstrahlung sind völlig verändert. Hat er vorher eher verkniffen und missmutig gewirkt, so erscheint sein Gesicht jetzt aufgehellt, fast strahlend. Im Rückblick auf das Gespräch sagt er, es habe geradezu eine Art von ‚Kampf' zwischen uns stattgefunden. Ich füge dem die Formulierung des Philosophen Karl Jaspers vom ‚liebenden Kampf' hinzu.

Wir stellen alle drei zusammen fest, dass das Loslassen der symbiotischen Nähewünsche und das Aushalten des Schmerzes über die Distanz mit naturhafter Gesetzmäßigkeit zu einer neuen Art von Begegnung hinzuführen scheint. Den Zugang dazu hatte der offene Austausch eröffnet. Das ‚Mitteilen' war die ‚Therapie' gewesen.

Mir sind solche Verwandlungswunder sehr vertraut, aber ich kann mich immer neu darüber freuen.

Mein Bemühen um Distanz gegenüber Bernhard hat sich in Luft aufgelöst. Die Angst vor seiner ‚Eiswüste' ist keine Thema mehr. Denn Zuneigung und Verbundenheit bestimmen jetzt das Klima zwischen uns

Wenn wir später wieder in den alten Zustand zurückfallen sollten, würde ich mir, indem ich zurückblicke, vorsagen: Was einmal möglich war, ist auch öfter möglich.

Der augenblickliche Stand der Dinge

In den Gesprächen mit Annabell und Bernhard kommt besonders anschaulich zum Ausdruck, dass wir Menschen auf die Gefühle, Gedanken und Absichten unserer Mitmenschen reagieren, dass also ein Austausch zwischen dem stattfindet, was im Inneren der Beziehungspartner vorgeht.

So reagierte Annabell zu Beginn mit einem heftigen Tränenausbruch sowie der Drohung, die Gespräche mit mir abzubrechen, bestimmt weniger auf meine ‚verbale Kommunikation' – die ‚Schnapsidee' – als auf meine negativen Gefühle ihr gegenüber; so war ihre ‚Umarmungs-Hemmung' nicht Ausdruck einer persönlichen Unfähigkeit, spontan zu handeln, sondern die logische Erwiderung auf meine Gefühle von Distanz ihr gegenüber.

Für Bernhard war Einfühlung in die Traurigkeit Annabells nicht möglich, da diese Traurigkeit sich mit Misstrauen, vorangegangenen Enttäuschungen und geheimem Vorwurf gegen ihn vermischte. Aus ähnlichen Gründen – wegen Bernhards aggressiver Voreingenommenheit, die ihn sicher sein ließ, dass sie seinem Wunsch doch nicht nachkommen werde – erwies es sich für Annabell als unmöglich, auf Bernhard einzugehen.

Erst Bernhards misstrauisches: „Jetzt ist es wohlig, und dann kommt der Dolch!" brachte mir zu Bewusstsein, dass ich bei aller Offenheit ihm gegenüber auch starke Distanz empfand.

Alles in allem finden wir hier eine Häufung von Hinweisen auf eine unter der Oberfläche der sichtbaren Kommunikation stattfindende Wechselbeziehung und auf die enormen Auswirkungen, die diese auf das Verhalten der Gesprächspartner hat.

Im Rückblick auf die Gespräche stellen wir fest, wie sich im Dschungel des Zusammenlebens immer wieder die diagnostische Grundregel als der verläßliche Kompass bewährt, der uns dabei hilft, Störungen zu durchschauen und zu beheben: *„Wenn etwas stört, wird etwas nicht mitgeteilt, ab-*

sichtlich oder unabsichtlich, bewusst oder unbewusst" . Bewährt hat sich schließlich auch die aus der Regel abgeleitete schlichte Anweisung: Sieh zu, daß das Nichausgesprochene ins Wort kommt, und die Störung muss sich auflösen!

Die Frau – das rätselhafte Wesen?

Meine Arbeit mit Bernhard und Annabell regt mich an, über das Erfahrene nachzudenken und mit meinen eigenen Lebenserfahrungen in Verbindung zu bringen. Daraus ergeben sich für mich interessante Perspektiven.

Ich hatte bei der Arbeit mit den beiden Spaß, und ich will auch sagen, warum.

Zum einen wegen der starken Herausforderung, die die Begegnung mit ihnen jedes Mal bedeutete, und zum anderen wegen des Phänomens der Weiblichkeit. Das letztere zu reflektieren interessiert mich, weil Annabell auf mich durchaus eine erotische Ausstrahlung ausübte.

Annabell verkörpert einen Typ von Frau, der – in unterschiedlicher Weise – für mein Leben immer wieder schicksalhafte Bedeutung hatte.

Zwar registrierte ich früher in einer Ecke meines Bewusstseins immer wieder die Sehnsucht nach dem ganz anderen Typ, der ‚Sanften', von der ich uneingeschränkt Bestätigung erfahre, die mich nicht in Frage stellt, die mir am Schreibtisch meine Ruhe lässt und zusammen mit der Familie quasi die Hintergrundmusik für meine wissenschaftliche Karriere abgibt.

Aber ich bin meist an Frauen geraten, die mich konfrontierten, in Frage stellten. Und ich muss sagen, ein gnädiges Schicksal hat mir die Erfüllung meiner infantilen Sehnsüchte versagt. Als Alptraum male ich mir aus, was aus mir geworden wäre, wenn ich an der sanften Variante der Weiblichkeit hängen geblieben wäre. Ich erkannte zunehmend deutlicher, wie sehr ich die Herausforderung brauche, um mich zu entwickeln. Die Herausforderung zwingt mich zur

Kreativität. Auf diese Weise konnte ich mich selber finden und meine Möglichkeiten entdecken.

Etwas davon bin ich in der Arbeit mit Bernhard und Annabell wieder begegnet. Das Wesentliche dabei ist wohl der Mut zur Transparenz, den das Abenteuer der Beziehung verlangt und der die Beziehung immer wieder herausfordert, weil sich eine Art Kampfsituation herstellt, in der sich die Partner auf eine Weise selber spüren, wie das anders schwer möglich ist.

Frau und Mann wollen letztlich dasselbe: gesehen werden Eine sehr persönliche Reflexion

In vielen literarischen Beschreibungen und künstlerischen Darstellungen verhüllt ein Schleier des Geheimnisvollen und Undurchschaubaren die weibliche Erotik.

Im Hinblick auf Annabell denke ich da an ihre abrupten Wechsel zwischen Nähe und Distanz, erst heranlocken, dann wegstoßen, ihr Schwanken zwischen Sehnsucht nach Verschmelzung und Sich-zurück-Pfeifen: „Das geht doch nicht!"

Dieses Phänomen der angeblichen Undurchschaubarkeit weiblicher Reaktionen hat mich lange und intensiv beschäftigt. Ich konnte nicht damit umgehen.

Die Zeugnisse der Kultur- und Religionsgeschichte zeigen das ‚Ewig Weibliche' in allen möglichen Schattierungen, in einem ähneln sie sich aber meist – darin, dass sie ihm den Nimbus der Undurchschaubarkeit verleihen.

Da gibt es die Sphinx der Ägypter, der Inbegriff der Zwielichtigkeit des Weiblichen – jedenfalls im populären Bewusstsein. Da gibt es die Eva der Bibel, in der christlichen Theologie wieder und wieder in die Nähe der Schlange gerückt und zum Archetyp des Verführerischen geworden. (In einem theologischen Lexikon steht nicht von ungefähr beim Stichwort *femina* der Verweis: *vide scandalum.)*

Bei Bhartrihari, einem indischen Lyriker des 7. Jahrhunderts entdeckte ich folgenden Text; er gibt in beredten Worten eine typisch männliche Perspektive wieder.[2]

Das Herz einer Frau ist so wenig fassbar wie ein
Gesicht im Spiegel, ihr Wesen so schwer
zugänglich wie ein schmaler Gebirgspfad, der uns
noch unbekannt ist, ihr Gesicht so unbeständig wie
Tautropfen auf dem Kelch einer Lotosblüte.
Frauen wachsen heran mit all ihren Fehlern wie
Schlinggewächse mit ihren giftigen Trieben.

Das *Märchen* präsentiert uns mit der Hexe und verwandten Gestalten die entarteten Formen des Weiblichen. Die Undurchschaubarkeit des weiblichen Zaubers muss in manchen Epochen eine immense Bedrohung für die Männerwelt gewesen sein. Anders wäre die unglaubliche Brutalität der Hexenverbrennungen kaum zu denken.

Die *Bildende Kunst* hat mich mit ihren Aussagen über das Weibliche streckenweise richtiggehend provoziert. Etwa die mystifizierende Überhöhung der Weiblichkeit in den Venus-Darstellungen der Renaissance. Oder die makabren Varianten der Femme fatale etwa bei Stuck und Klimmt.[3]

Auch die *Literatur* kennt diese mythische Überhöhung, aber ebenso das gegenseitige Sichzerfleischen der Geschlechter, von dem uns Strindberg kündet.[4]

Dies alles bündelte sich für mich in der Frage Sigmund Freuds: „Was will das Weib?"

Dazu Erich Fromm:

„Dass Freud Frauen gefühlsmäßig nicht nahekam, hatte zur Folge, dass er von Frauen wenig verstand. Seine Theorien über die Frau waren naive Rationalisierungen männlicher Vorurteile, namentlich der Vorurteile des Mannes, dem es ein Bedürfnis ist, Frauen zu beherrschen, damit seine Angst vor Frauen verborgen bleibe. Allerdings braucht man noch nicht einmal Freuds Theorien heranzuziehen, um zu beweisen, dass er Frauen verständnislos gegenüberstand. In einem Gespräch mit der französischen Psychoanalytikerin Prinzessin Marie Bonaparte hat er als sehr alter Mann mit bemerkenswerter Offenheit gestanden: ‚Die große Frage, die nie beantwortet worden ist und die ich trotz meiner dreißigjährigen

Erforschung der weiblichen Seele noch nicht habe beantworten können, ist: was will das Weib?'"[5]

Sowohl in der Fragestellung wie in der zugespitzten Formulierung des großen Psychologen Freud drückt sich die abgrundtiefe Hilflosigkeit und Angst einer patriarchalischen Männerwelt vor der durch sie so hartnäckig und anhaltend unterdrückten Frau aus.

Meine Sicht des Weiblichen als eines undurchschaubaren Phänomens hat sich erst in der Beziehung zu Anna verändert und eine nachhaltige Korrektur erfahren. Und auch das erst allmählich, im Lauf vieler Jahre.

Anna hat meiner Vorstellung, dass die Frau undurchschaubar sei und es letztlich eine ‚Verstehensgrenze' zwischen den Geschlechtern gebe, von Anfang an die These entgegengesetzt: Wenn man nur ernsthaft genug daran geht und sich entsprechend geduldig um Austausch bemüht, kann man sich verstehen – auch Mann und Frau. Mir schien hier die Hoffnung auf Verstehbarkeit etwas arg strapaziert, doch heute stehe ich dieser These erheblich aufgeschlossener gegenüber.

Mir ist noch gut in Erinnerung, wie wir beide bei einem Aufenthalt in Paris, dieser ‚Stadt de l´amour', in einem Straßencafe saßen mit Blick auf die grandiose Fassade von Notre Dame mit der gotischen Madonna in der Mitte. Wir hatten gerade einen Besuch im Louvre hinter uns. Ich sinnierte noch über das sprichwörtlich rätselhafte Lächeln der Mona Lisa und fragte Anna, was *sie als Frau* dazu meine, dass sich Mona Lisa mit diesem Schleier der Undurchschaubarkeit umgebe. Die Antwort Annas fiel lakonisch aus. Sie blies den Rauch ihrer Zigarette in die Luft: „Sie wird es schon nötig haben!"

Das sagt Anna immer, wenn sie ein Verhalten, egal, wie positiv es erscheinen mag, als Schutzhaltung verdächtigt. Für Anna gibt es zwar das Spiel der weiblichen Verhüllung, aber ungleich wichtiger scheint ihr die tiefe Sehnsucht auch der Frau, ‚gesehen' zu werden – und zwar in der Tiefe des eigenen Wesens, mit allen Facetten von Licht und Schatten.

Als ich weitergrübelte und schließlich ihre Ansicht zu Freuds: „Was will das Weib?" hören wollte, meinte sie genauso lakonisch: „Nichts anderes als der Mann!" Ich wusste, was sie damit sagen wollte: gemocht, bestätigt, geschätzt werden. In der Tiefe schienen ihr Mann und Frau die gleichen Bedürfnisse zu haben.

Anna lag eine Mystifizierung des Weiblichen ebenso fern, wie sie sich heftig gegen die Unterdrückung der Frau durch den Mann zur Wehr setzte. Sie wusste um die Verhöhnung, die einer Frau durch die Männerwelt widerfährt, wenn sie sich in Diskussionen auf ihr Gefühl beruft. Einige Zeit, nachdem wir uns kennengelernt hatten, spendete Anna mir das hohe Lob, ich sei der erste Mann, der zu ihr gesagt habe: „Wenn du das so fühlst, dann wird es schon richtig sein."

Ganz allmählich, nicht zuletzt aufgrund zahlloser Konfliktaufhellungen zwischen Mann und Frau in unserer Arbeit, habe ich mich von Anna überzeugen lassen. Heute weiß ich, dass die Frau nicht ‚undurchschaubar' ist, jedenfalls nicht undurchschaubarer als der Mann.

Ich habe mich wieder und wieder gefragt, ob die unterschiedlichen Reaktionsweisen der Geschlechter mit dem daraus entstehenden Unverständnis füreinander ausschließlich ein Naturphänomen oder vielleicht nicht doch auch ein Kommunikationsphänomen sind. Aus irgendwelchen Gründen misslingt der Austausch über diese Verschiedenheit, so dass Fremdheit, ja sogar Feindschaft zwischen Frau und Mann aufkommen kann. Damit einher ginge dann auch der Mythos der Undurchschaubarkeit und Rätselhaftigkeit der Frau. Vielleicht hat sich die Frau diesen Schleier während der jahrtausendelangen Unterdrückung durch den Mann als Schutz zulegen müssen. Und was die von Freud beschriebenen mysteriösen Symptome der Hysterie angeht: offensichtlich erfand die Psyche der Frau durchaus Möglichkeiten, sich zu schützen und den Mann – ungeachtet seiner körperlichen und ‚kulturbedingten' Dominanz – auflaufen zu lassen. Sie wird krank oder frigide oder entzieht sich sonstwie.

Freud hat als Heilmittel dagegen die Psychoanalyse angeboten – das heißt die Bewusstheit über die eigenen Reaktionen. Bewusstheit ist gleichsam die Durchsichtigkeit sich selber gegenüber. Die Beziehungstherapie fügt dem die Durchsichtigkeit nach außen hinzu, die Verständigung mit einem Gegenüber über die eigenen und seine Reaktionen. Damit gibt man Schutz und Tarnung auf, verzichtet auf Macht und eine gewisse Art von Einfluss. Aber dafür gewinnt man etwas anderes: Nähe, Vertrauen – Beziehung.

Eine von Männern sehr umworbene Frau wurde gefragt, warum sie denn nicht heirate. Sie gab zur Antwort: „Ich werde mir doch nicht wegen eines Einzigen die Kundschaft verderben!"

Ein solches erotisches Spiel lebt von der Undurchschaubarkeit.

Der Vorteil der Undurchschaubarkeit liegt in vermeintlicher Lebensfülle. Ich sage vermeintlich, weil der Preis sehr hoch ist: Einbuße an wirklicher Beziehung.

Beziehung ist etwas anderes als das unverbindliche Spiel mit Gefühlen. Beziehung verlangt Verständigung, verlangt, sich einander durchsichtig zu machen. Dazu braucht es das Fühlen genauso wie das Denken. Immer wieder habe ich die sensorische und logische Leistungskraft des Fühlens betont. Dem Fühlen stehen vielleicht Millionen subtilster Informationen zur Verfügung, die dem Verstand nicht zugänglich sind. Das ist das eine. Das andere ist, dass unsere menschliche Emotionalität bei der Verarbeitung der Informationen mit nicht zu überbietender Genauigkeit und Folgerichtigkeit vorzugehen scheint.

Es bedeutet ein großes Unglück für die Beziehung der Geschlechter, dass die Frau in der Intelligenz ihres Fühlens einen großen Schatz besitzt, aber damit oft nicht umzugehen vermag. Noch einmal sei betont: Fühlen lernen ist von elementarer Wichtigkeit, aber Fühlen allein nützt nichts. Solange wir nur die absurd anmutende Außenseite unserer Gefühle kennen, bleiben diese höchst bedrohlich. Unverzichtbar ist der Verstand, der die Gefühle entschlüsseln kann. Jahrtausendelang hat man die Gefühle der Launenhaftigkeit, der Irrationalität und der moralischen Unzuverlässigkeit bezichtigt. Erst indem wir Einsicht in ihre Grammatik gewinnen, erkennen wir, dass sie logisch, ja moralisch sind, wie man sie sich logischer und moralischer nicht vorstellen kann.

Nur solange dem Mann die Intelligenz, die im weiblichen Fühlen am Werk ist, verschlossen bleibt, wird er die Frau als undurchschaubar erleben. Auf der anderen Seite habe ich bei unserer Arbeit immer wieder erfahren: Nicht nur die Unfähigkeit vieler Männer zu fühlen hat schlimme Auswirkungen. Die Unfähigkeit gefühlsstarker Frauen, ihre Empfindungen zu entschlüsseln, kann ebenfalls verheerende Folgen nach sich ziehen.

Das heißt ganz schlicht: Sowohl die ungesunde Dominanz des Verstandes wie die Dominanz des Gefühls zerstört die Ganzheit. Allein das harmonische Zusammenwirken der weiblichen und männlichen Anteile in einer Person führt zu jener Vollkommenheit der Beziehung, auf die die Natur der Geschlechter angelegt ist.

Die östliche Wirklichkeitsbetrachtung sieht diese Verbindung – Yin und Yang – als einen Ausdruck jenes Geheimnisses, das wir letztlich nur zu ahnen, nie aber zu lüften vermögen.

Vierter Teil
Übungen: Probieren geht über Studieren

Vielleicht hat Sie die Lektüre des Buches auf den Geschmack gebracht, so dass Sie Lust verspüren, den Schritt in die abenteuerliche Welt der Beziehung mit ihren Risiken und ihren faszinierenden Ausblicken zu wagen.

Die Landkarte halten Sie in Händen. Die Navigationsinstrumente liegen bereit. Jetzt geht es um das konkrete Gewusst-Wie.

Je wilder Sie entschlossen sind, nach den Sternen zu greifen, umso besser, denn der Weg ist steil.

Beschwörungsformeln zur Verinnerlichung einiger Grundwahrheiten über Beziehung

Überprüfen Sie bitte, ob und wie weit Sie sich mit den folgenden Sätzen zu identifizieren vermögen. In ihnen verdichtet sich die Essenz der anschließenden Übungsarbeit. Die Sätze verlangen zwar viel von Ihnen, aber sollten Sie diese ‚Zumutungen' überzeugt mit vollziehen können, dann wäre das bereits ein entscheidender Schritt auf das Übungsziel hin.

Erster Satz

„Es steht mir nicht zu, mein Gegenüber verändern zu wollen. Ob es sich verändern will, unterliegt seiner freien Entscheidung. Was mir zusteht, aber auch zufällt, ist, die Verantwortung für meinen eigenen Anteil am Gelingen und Misslingen der Beziehung zu übernehmen."

Zweiter Satz

„Ich weiß, dass nicht nur meine Worte und Taten ebenso meine Gedanken, Gefühle und Absichten die Vorgänge in meinem Unbewussten, Wirkungen nach außen haben können."

Dritter Satz

„Weil meine Gefühle oft mehr als mein Kopf wissen, will ich mich bemühen, meine eigenen Gefühle wie auch die meines Gegenübers absolut ernst zu nehmen, selbst wenn ich sie zunächst nicht verstehe."

Vierter Satz

„Da wir Menschen alle ein Unbewusstes haben, muss ich ständig mit der Möglichkeit rechnen, dass meine besten Absichten durch mein Unbewusstes unterlaufen werden und daraus die größte Gefahr für eine Beziehung entsteht, eine Gefahr, der ich nur mit der Hilfe des Gegenübers begegnen kann."

Ich sagte, die Sätze seien Beschwörungsformeln. Im Rahmen psychologischen und spirituellen Lernens spricht man oft von ‚Affirmationen', was mehr bedeutet als ‚Behauptungssätze'. Eher könnte man von Mantras sprechen, die man sich immer wieder vorsagt, damit man die ihnen innewohnende geistige Kraft und Wahrheit nach und nach in sich aufnimmt.

Elemente des Lerngesprächs

Ort : Ein möglichst störungsfreier Raum.
Zeit: Wählen Sie eine feste, gemeinsam vereinbarte Zeit, eineinhalb Stunden pro Woche. Versuchen Sie, ausgefallene Gespräche nachzuholen. Wer mehr Zeit aufwenden will, sollte prüfen, ob sich das als fruchtbar erweist oder nicht.

Reservieren Sie sich eine ‚gute' Zeit, in der Sie sich fit fühlen, nicht eine Zeit, in der Sie ermüdet und erschöpft sind. Beziehungsgespräche verlangen die volle Konzentrationsfähigkeit. Voraussetzung für das Beginnen ist keineswegs, dass Sie ‚in Stimmung' sind. Häufig kommt die Lust am Reden ganz von selbst, wenn Sie erst einmal den Einstieg gewagt haben und der Anfangswiderstand überwunden ist. Wenn der innere Widerstand zu groß ist, sollten Sie sich allerdings nicht zwingen. Wertvolle Hinweise zur Zeitvereinbarung siehe bei M. L. Moeller, *Die Wahrheit beginnt zu zweit. Das Paar im Gespräch,* Hamburg 1988, S. 121 ff.

Mit wem sie die Übung machen können:
Mit Ihrer Partnerin/Ihrem Partner, mit einem guten Freund oder einer guten Freundin. Möglich ist es prinzipiell mit jedem, der ebenso wild entschlossen ist, wie sie selber es sind.

1. Die Atemübung

Während eines Seminars für Beziehungslernen laden wir zu Beginn jedes Tages die Lerngruppe zu einer kleinen Atemübung von fünf Minuten ein, stellen das Mitmachen aber frei. Da wir eine geschulte Selbstwahrnehmung als Hauptvoraussetzung für gelingende Beziehung betrachten, steht das Lerngespräch der Meditation näher als der geschäftigen Aktion, also dem, was man heutzutage als ‚action' bezeichnet.

Der Atem ist eine gute Hilfe, um in den Zustand der Sammlung und Konzentration zu kommen. Diese Einstimmung sieht so aus: Fünf Minuten lang die Aufmerksamkeit auf den Atem lenken. Ihn nicht verändern wollen, nur wahrnehmen und darauf achten: Wie erlebe ich meinen Atem? Ist er flach, schwer, leicht, ruhig, gehetzt? Der Atem sagt sehr viel, ja im Grunde alles über meine augenblickliche Befindlichkeit aus. Das ist eine uralte Weisheit vieler Völker und Kulturen.

Es empfiehlt sich, nach dieser Übung über die eigene Erfahrung zu reden und sich auszutauschen. Falls Ihnen die Übung nichts bringt oder Schwierigkeiten bereitet, fühlen Sie sich frei und versuchen Sie es vielleicht später wieder.

2. Die Beziehungsklärung

Die Elemente des Beziehungslernens werden während der Seminare weitgehend in Zweierübungen angeeignet, wobei der eine Partner ein bestimmtes Thema bearbeitet, während der andere ihn dabei begleitet. Vor jeder Übung steht die Beziehungsklärung. Dieses Einleitungsritual empfehlen wir Ihnen dringend. Sie sollten sich vor jedem Lerngespräch die momentane Situation ihrer Beziehung vergegenwärtigen und sich darüber austauschen. Achten Sie darauf, wie es Ihnen miteinander geht: ob Sie sich entspannt oder angespannt fühlen, ob irgendein Restärger oder sonst was im Raum steht.

Unterlassen Sie die Beziehungsklärung, so laufen Sie Gefahr, beispielsweise Restärger in das Gespräch hineinzutragen. Dieser kann dann das eigentliche Gesprächsthema überlagern, so dass Sie nicht mehr auseinander halten, was zum Thema gehört und was von dem noch in der Luft hängenden Konfliktpotenzial herrührt.

3. Das Nachgespräch

Der Rückblick auf das Gespräch soll die erarbeiteten Punkte noch einmal ausdrücklich zu Bewusstsein bringen.

Fragen Sie sich also: Wie haben wir uns gefühlt? An welchen Stellen ist es uns gut gegangen, an welchen nicht? Wie hat sich jeder von uns an diesen Stellen gefühlt? Zeigt sich, dass etwas nicht ausgesprochen wurde?

Wieweit ist es uns gelungen, die Regeln einzuhalten – nur über sich selber zu sprechen, Gefühle ernst zu nehmen? Wo und warum ist es nicht gelungen? Wie hat sich jeder von uns an dieser Stelle gefühlt? Haben wir die Erfahrung gemacht: Durch Nichtaussprechen entsteht eine Störung, durch Aussprechen wird sie behoben?

Worauf wollen wir beim nächsten Gespräch besonders achten?

Das ist die Haltung, mit der wir auf das Gespräch zurückblicken und uns befragen. Sie wird später ergänzt und modifiziert durch die Themenstellung der jeweiligen Übung.

Vorsicht, Fallen!

Meine Warnrufe werden es Ihnen bestimmt nicht ersparen, in etliche der vielen Fußangeln auf dem Weg des Beziehungslernens zu geraten. Fehler sind unvermeidbar, Fehler sind wichtig, denn sie wirken sich indirekt oft positiver aus als der Erfolg selbst.

Die Beschwörungsformeln sind vor allem deswegen eine Herausforderung, weil sie vieles von dem, was Lernende gewohnt sind und bisher praktiziert haben, auf den Kopf stellen. Die Psychotherapie spricht von ‚paradoxen Handlungsaufforderungen', denen nachzukommen oft zu verblüffenden Effekten führt. Wer zu solchem paradoxen Verhalten aufgefordert wird, wehrt allerdings oft ab: „Alles, nur das nicht!" Sinn und Zweck der paradoxen Handlung liegen darin, neue Erfahrungen zu machen. Das Alte ist bekannt, und man weiß, was dabei herauskommt. Mit mutigen Experimenten können Sie nur gewinnen. Dennoch will ich Ihr Augenmerk auf einige nicht ungefährliche Fußangeln dabei lenken.

Zum ersten Basis-Satz – „Jeder kehre vor seiner eigenen Tür!"

Die Zumutungen des ersten Satzes: Nicht das Gegenüber verändern wollen, sondern den eigenen Anteil bearbeiten, nicht über den anderen sprechen, sondern über sich selbst, keine Abwertung seines Verhaltens vornehmen, keine Deutungen und Beschuldigungen – diese Imperative stimmen mit einer allgemein verbreiteten paradoxen Handlungsaufforderung überein: „Jeder kehre vor seiner eigenen Tür!"

Diese Redensart ist von großer beziehungstherapeutischer Weisheit.

Natürlich ist es legitim, den Wunsch zu haben, das Gegenüber möge sich so verhalten, dass man sich selber gut fühlen kann. Doch die Frage bleibt: Wie ist dieses Ziel am besten zu erreichen? Wie lässt es sich vermeiden, dass man das Erreichen des Ziels durch eigene Fehler verunmöglicht? Beispiele zur Umformung von bewertenden und deutenden Du-Botschaften in Gefühlsaussagen und Ich-Botschaften siehe bei L. Schwäbisch, M. Siems, *Anleitung zum sozialen Lernen für Paare, Gruppen und Erzieher. Kommunikations- und Verhaltenstraining,* Hamburg 1974. Zitiert nach der Ausgabe 1982, SS. 52-70, ferner 70ff und 106ff.

Konfrontiert mit den Beschwörungsformeln, mag sich in manchen innerlich ein mächtiges Aufbäumen melden: „Alles, nur das nicht!" Er/sie wird mir entrüstet entgegenhalten: „Darin besteht ja gerade mein ganzes Unglück, dass sich mein Partner nicht ändern will, dass er nicht einsehen mag, was er mir zumutet. Und dennoch soll ich ihm jetzt alles selber überlassen?"

Ängste brechen auf, man würde auf diese Weise das Heft aus der Hand geben, alles Glück würde den Bach hinunter schwimmen, alles bliebe so frustrierend, wie es ist. „Jeder kehre vor seiner eigenen Tür" – das erinnert fatal an jenen Satz, der in Dantes *Göttlicher Komödie* über dem Eingang zur Hölle steht: „Lasst alle Hoffnung fahren, die ihr hier eintretet!"

Doch kühle Überlegung belehrt uns alsbald eines Besseren. Mit dem alten Verhaltensmuster haben Sie die Naturgesetze der Beziehung gegen sich. Wir alle wissen, wie es sich anfühlt, wenn jemand versucht, uns umzumodeln, an uns herumzuerziehen. Die Reflexe antworten darauf mit der ihnen eigenen Mechanik und Vehemenz. Ganz unwillkürlich stellen sich Widerstand und Blockierung ein. Alle echte Kooperation kommt zum Erliegen. Das scheint eine Gesetzmäßigkeit der Psyche zu sein.

Indem Sie über sich selber sprechen, beispielsweise das Gegenüber wissen lassen, wie verletzt und erniedrigt Sie sich fühlen, praktizieren Sie einen anderen Ansatz. Sie gehen dabei zwar ein beachtliches Risiko ein, denn Sie werden vielleicht abblitzen. Doch Sie haben sich auch eine Chance eröffnet, die durch Beschuldigungen allzu leicht verspielt würde. Versetzen wir uns in die Situation des Verletzenden: Wer will schon ein Unmensch sein, einer, durch dessen Verhalten andere sich vernichtet und erniedrigt fühlen! Eine solche Rückmeldung, die Spiegelung seines ,Wirkungsbildes', muss an seinem Bild von sich selbst kratzen, wird ihm vielleicht an die Nieren gehen. Sollten Sie also durch Ihre Rückmeldung nicht bewirken, dass das Gegenüber kooperiert, dann werden Sie es mit an Sicherheit grenzender Wahrscheinlichkeit durch Beschuldigungen erst recht nicht schaffen. Diese Einsicht in die Funktionsweise der Psyche erleichtert es Ihnen vielleicht, damit aufzuhören, den anderen verändern zu wollen, über ihn zu reden, ihn zu bewerten und zu beschuldigen.

An dieser Stelle muss ich auf etwas Entscheidendes mit allem Nachdruck hinweisen. Die Regel: „Sprich nicht über den anderen, überlasse es seiner freien Entscheidung, ob und wie weit er sich verändern will!", kann nur funktionieren, wenn bestimmte Voraussetzungen gegeben sind.

Nämlich: Das Gegenüber muss mitspielen bei diesem waghalsigen Spiel, bei dem Sie den anderen freigeben sollen. Das heißt, Sie können die Regel nicht mit Erfolg anwenden, wenn Ihr Gegenüber sich nicht auch daran hält.

Das Praktizieren dieser Regel verlangt zwei grundlegende Verhaltensweisen.

1. „Mache den ersten Schritt! Warte nicht, bis der andere ihn macht!"

2. *„Prüfe unaufgefordert deinen eigenen Anteil!“*

1. „Mache den ersten Schritt!“

Wie ich schon erwähnt habe, fühlte ich mich während meiner ‚vorkommunikativen‘ Zeit als Meister darin, Menschen zum Sprechen zu bringen. Es hat lange gedauert, bis ich gemerkt habe, wie ich mich mit dieser viel geschätzten Tugend des Zuhörens selber elegant heraushielt. Im Umgang mit Anna, meiner Frau, kam mir zunehmend deutlicher zu Bewusstsein, dass ich eigentlich eine reichlich billige Masche anwende, sofern ich – vor allem, wenn ein Konflikt im Raum stand – durch entsprechende Testfragen ihre Stimmung aushorche,um dann selber einzusteigen. Außerdem erkannte ich, dass es mich viel schwerer ankommt, mit der Beschreibung meiner eigenen inneren Situation anzufangen und damit ihr den Einstieg zu erleichtern. Das erwies sich allerdings dann als der beste Weg, ihren Part zu erfahren. Ich weiß also um die Hürde des ersten Schritts, sich selber ins Spiel zu bringen, habe aber auch reichlich Erfahrung damit, wie sehr es sich lohnt.

2. „Prüfe unaufgefordert deinen eigenen Anteil!“

Diese Anweisung richtet sich an den Beziehungspartner, der eine Rückmeldung über sein Verhalten erhält.

Angenommen, wir fühlen uns verletzt und geben dem Partner Rückmeldung darüber, dann ist es eine Wohltat für uns, wenn dieser die Rückmeldung zum einen ernst nimmt und zum anderen sich selbstverständlich überlegt, ob er in sich selber einen Anlass für unsere Verletzung entdeckt.

Diese Selbstprüfung des Gegenübers ist aus zwei Gründen notwendig.

Erstens enthebt sie uns der lästigen und heiklen Aufgabe, das Gegenüber mit bohrenden Nachfragen zu bedrängen. Zweitens – und das ist ebenso wichtig – können wir häufig gar nicht angeben, warum wir uns gestört, verletzt, blockiert fühlen, und sind auf sein Mitdenken und Mittun angewiesen. Wird es uns vorenthalten, bekommen wir auf unsere Rückmeldung vielleicht die höhnische Antwort: „Du bist also beleidigt und kannst mir nicht einmal sagen, was ich dir angetan habe. Das ist doch ganz einfach lächerlich!"

Unaufgefordert den eigenen Anteil an einer Situation zu prüfen bewährt sich als echtes „Sesam, öffne dich!" Ich selber musste es auch erst lernen. Meine ersten linkischen Gehversuche habe ich schon erwähnt. Meine Konfliktaufhellungsinitiativen pflegte ich Anna gegenüber etwa so einzuleiten: „Ich habe eine Störung, was ist los bei dir?"

Als uns beiden dieses „Unaufgefordert den eigenen Anteil prüfen!" quasi in Fleisch und Blut übergegangen war, überraschte es mich immer wieder festzustellen, wie spielerisch sich dadurch Konflikte klären ließen.

Sollten auch Sie den Kick dieser spielerischen Eleganz erleben wollen, dann üben Sie stets aufs Neue, diese anspruchsvolle Formel anzuwenden.

Zum zweiten Basis-Satz – „Das Unsichtbare ist genauso wichtig wie das Sichtbare"

Dieser Satz bezieht sich darauf, dass neben der verbalen und der nonverbalen Kommunikation eine dritte Sprache existiert. Damit soll kein Hokuspokus verbreitet werden, der Umgang mit der dritten Sprache folgt streng dem überprüfenden Dreischritt Vermutung – Voraussage – Bestätigung/Nichtbestätigung.

Dennoch gibt es wahrscheinlich vor allem bei ‚wissenschaftlich' orientierten Menschen Widerstände, sich auf die Grammatik der dritten Sprache einzulassen.

Zum dritten Basis-Satz – „Gefühle absolut ernst nehmen!"

Die Forderung, Gefühle absolut ernst zu nehmen, hat nichts mit Romantik zu tun. Sie stützt sich vielmehr auf die Erfahrung, dass Gefühle als unsere sensibelsten Wahrnehmungssensoren auch die ‚unsichtbaren' Hintergrunddaten der Mitmenschen aufnehmen und logisch verarbeiten, also auch auf das reagieren, was im unsichtbaren Inneren der anderen vorgeht.

Aber auch in der Hinsicht drohen Gefahren.

Falle Nr. 1

„Ich habe das Gefühl, dass du dich ärgerst ..." ist eine ebenso verbreitete wie irreführende Formulierung. Seinen Ärger und auch seine anderen Empfindungen vermag unser Gegenüber nur selber wahrzunehmen. In dieser Formulierung scheint der Sprechende ein Gefühl zu äußern, tut es aber keineswegs. Vielmehr gibt er einen *Eindruck* wieder, den er gewonnen hat. Anstatt zu sagen: „Ich habe das *Gefühl*, dass du ...", sagen Sie besser: „Ich habe den Eindruck, dass ..." Das wiederum stellt eine Mutmaßung dar, die oft einer unüberprüfbaren Deutung gleichkommt. Also möglichst darauf verzichten.

Falle Nr. 2

Da sich der lernende Gesprächspartner auf die Zumutungen der ihm auferlegten Regel eingelassen hat, können wir im Allgemeinen beim Lerngespräch annehmen, dass er nicht bewusst, also absichtlich, lügt. Daher scheint es begründet und sinnvoll zu sein, sein Gefühl zunächst einmal ganz ernst zu nehmen. Das gilt auch für den Fall, dass wir dieses Gefühl nicht verstehen oder dessen Äußerung gar als störend empfinden.

Und zwar aus folgendem Grund.

In der Regel hat das Gegenüber die Gefühle, die es äußert, tatsächlich. Die Störung entsteht keineswegs dadurch, dass er oder sie lügt, sondern dadurch, dass da *noch andere* Gefühle sind, die vielleicht zu den geäußerten im Widerspruch stehen. Diese mitzuteilen, hält das Gegenüber möglicherweise nicht für nötig, oder sie sind ihm völlig unbewusst. Eine solche Unstimmigkeit reicht, um eine Störung hervorzurufen.

Wie oft kommt es vor, dass jemand auf die Frage: „Wie geht es dir?", mit einem spontanen und ehrlich gemeinten

„Gut!" antwortet und dabei alle, die den Vorgang beobachten, einen gegenteiligen Eindruck haben und sich komisch fühlen, weil sie das Gesagte nicht glauben können. Ich kenne dieses ehrlich gemeinte „Gut!" durchaus von mir selber. In meinem Bewusstsein stimmt das dann auch einigermaßen. Erst durch Annas vorsichtig geäußerte Zweifel gelange ich zu der Feststellung, dass es da auch noch verdeckte andere Gefühle gibt.

Wollen wir einem Menschen sein Gefühl, das er subjektiv zweifellos hat, in einem solchen Fall ausreden, kommt es zu dem bekannten aussichtslosen Aneinandervorbeireden, denn unser Gegenüber fühlt sich völlig missverstanden und vielleicht sehr verletzt.

Also: Gefühle auch ernst nehmen, wo wir sie dem anderen nicht abnehmen können. Das schließt nicht aus, sie zu hinterfragen, um zu sehen, was sonst noch im Busch ist.

Zum vierten Basis-Satz – „Man muss jederzeit mit Wirkungen des Unbewussten rechnen, die dem Bewusstsein zuwiderlaufen"

Unbewusstheit stellt vielleicht den gefährlichsten Feind aller Kommunikation dar, unbewusste Bosheit erweist sich oft als gefährlicher als bewusste. Die Begrenztheit des Bewusstseins zeigt sich auf die unterschiedlichste Weise, nicht zuletzt bei den Menschen, die nichts als ‚gut' sein wollen und mit ihren ‚guten Taten' ihrer Umgebung Probleme bereiten.

Oft ist in den Gruppen ein typischer Anfängerfehler zu beobachten. Wenn die Gruppe einem Teilnehmer, der bei jeder passenden und unpassenden Gelegenheit bemüht ist, anderen ‚zu helfen' und sie zu trösten, mit Aggressionen begegnet, weil dieses Verhalten alle auf die Palme bringt, dann ist die Antwort darauf häufig: „Ich habe es doch nur gut gemeint!" Oder, im familiären Beziehungsalltag: „Jetzt habe ich doch alles für dich getan! Was soll ich denn noch alles tun?"

Im Falle altruistischen Verhaltens kommt es leicht zu einer Unstimmigkeit, die störend wirkt, weil die weniger altruistischen Nebenmotive unbewusst sind. Im Hintergrund kann die Angst vor gesunder Selbstbehauptung und vor dem Geltendmachen legitimer Wünsche stehen, die Angst, dann kein edler Mensch mehr zu sein.

Die aufreizende Wirkung entsteht nicht nur, weil eine solche Art von Güte stört, sondern auch, weil die Empfänger solcher Güte sich mit ihrer Aggression blöd vorkommen und ihre Reaktion als undankbar, bisweilen sogar als abwegig erleben.

Für viele bedeutet es ein äußerst schmerzhaftes Umlernen, die Einsicht zuzulassen, dass es längst nicht hinreicht, etwas ‚in bester Absicht' zu tun beziehungsweise von ehrlichem Engagement erfüllt zu sein.

Der Grundsatz: „Die Wirkung zählt!" erweist sich als sehr hart und anspruchsvoll. Gewiss ist es in unserem Zusammenleben besser, wenn jemand eher gutwillig als böswillig sein möchte. Aber mitunter bekommen wir es in beiden Fällen mit denselben schlechten Wirkungen zu tun.

Zum Thema ‚Falle' noch eine abschließende Bemerkung.

Die für das Lernen jeweils angegebene Regel ist ein Zauberwort, kein Brecheisen. Druck und Zwang töten die Spontaneität des Beziehungsgeschehens unweigerlich ab. Druck lässt alle Türen zugehen. Das „Sesam, öffne dich!" des Märchens wird nur in der Freiheit seine geheimnisvolle Kraft entfalten. Mit Druck umgehen lernen heißt, die dahinter stehenden Gefühle, insbesondere Ängste, zum Thema zu machen.

Vorübung

Zur Einstimmung auf die Lernarbeit empfehlen wir Ihnen die folgende Übung:

Hören mit dem dritten Ohr – Vorübung zum Erwerb der rückbezüglichen Sensibilität: „Ganz bei mir und ganz beim anderen!" Beginnen Sie mit der Beziehungsklärung, wie sie oben vorgeschlagen wurde. Wählen Sie irgendein Erlebnis oder ein anderes einigermaßen problemfreies Thema, bei dem Sie emotional berührt beziehungsweise engagiert sind, also nicht etwas, das Ihnen relativ gleichgültig ist. Einigen Sie sich darüber, wer mit dem Erzählen beginnt.

Der Zuhörende folgt mit seiner Aufmerksamkeit dem, was ihm erzählt wird, ist also „ganz beim anderen". Die Aufgabe besteht für den Zuhörenden darin, zugleich „ganz bei sich selber zu sein". Das heißt, genau hinspüren, was im eigenen Inneren vorgeht: Wie fühle ich mich bei dem, was mir erzählt wird? Wann fühle ich mich von etwas angesprochen, wo empfinde ich es als flach, langweile ich mich oder reagiere mit gemischten Gefühlen?

Die hier angestrebte Doppelrichtung der Aufmerksamkeit erfordert ein ganz bestimmtes Wahrnehmen: ‚mehrdimensionales' Wahrnehmen. Es bildet ein bedeutsames Element der Beziehungsgespräche und lässt eine besondere Art von Sensibilität entstehen, die ‚rückbezügliche' Sensibilität. Diese enthält neben dem Blick auf den anderen immer auch den Rückbezug des Zuhörenden auf sich selber. Diese Vorübung hilft beim Erlernen eines differenzierten Feedbacks, also in Form von Ich-Botschaften über sich selber zu sprechen.

Das Nachgespräch

Es beginnt damit, dass der Zuhörende zunächst seine Erlebensweise wiedergibt. Darüberhinaus ist es wichtig, auf die Wechselbeziehung zu achten: Wie hat sich der Erzählende seinerseits gefühlt, als er Betroffenheit oder Langeweile beim Zuhörenden auslöste?

Immer wenn im Zuhörenden eine Irritation oder Störung entsteht, wird vom Redenden etwas nicht ausgesprochen, bewusst oder unbewusst.

Legen Sie auf diese Vorübung großen Wert, denn sie bereitet Sie auf das Aufhellen und Beseitigen von Störungen vor.

Für den Zuhörenden kann es erleichternd sein, wenn alle fünf bis zehn Minuten eine Pause eingelegt wird, in der er oder sie sich über die Wirkung des Erzählten Klarheit verschafft und sofort die entsprechende Rückmeldung gibt.

Nach der Auswertung der ersten Halbzeit werden die Rollen getauscht. Wer vorher erzählt hat, übernimmt nun die Rolle des Zuhörenden und umgekehrt.

Jede der beiden Gesprächseinheiten sollte anfangs etwa eine halbe Stunde dauern. Sofern Sie mit der Übung gut zurecht kommen, ist es möglich, später auch mehr Zeit darauf zu verwenden

Was mir an dir gefällt – die positive Bestärkung

Noch einmal nehme ich auf das fundamentale Lerngesetz Bezug, das da lautet: Wir lernen an den Folgen unseres Verhaltens. Wir eignen uns Verhaltensweisen an, für die wir sozusagen belohnt werden. Beim Lernen machen wir uns dieses Gesetz zunutze, indem wir gegenüber unserem Gesprächspartner all das zum Ausdruck bringen und ihn wissen lassen, was uns an ihm gefällt. Selbstverständlich sollen das Verhaltensweisen sein, die seiner menschlichen Entwicklung nicht im Wege stehen, sondern diese fördern. Einen Menschen in seinen Stärken zu bestätigen, ihm Wertschätzung entgegenzubringen und ihm gegenüber auszudrücken, bildet ein wesentliches Element des Beziehungslernens. Nur auf dem Hintergrund solcher Bestätigung kann ein Mensch zu sich selbst finden, kann er oder sie Beziehung leben.

Gesprächsvorschlag
Gehen Sie die gemeinsame Beziehungsbiografie unter folgenden Gesichtspunkten durch: Bei welchen Ereignissen der gemeinsamen Geschichte haben Sie Ihr Gegenüber besonders positiv erlebt? Welche Eigenschaften und Verhaltensweisen mögen Sie an ihm?

Beschreiben Sie genau, wie Sie das erwünschte Verhalten des Partners erleben und was es Ihnen bedeutet.

Versuchen Sie auch, im Hier und Jetzt des stattfindenden Gesprächs die positiven Dinge wahrzunehmen und auszusprechen.

Im Zusammenhang dieses oder eines weiteren Gesprächs kann es für Sie von Interesse sein, Fragen nachzugehen wie: Was hindert mich daran, Positives meinem Partner gegenüber auszudrücken? Habe ich es schlichtweg nicht gelernt, ist es Nachlässigkeit, habe ich Ängste, irrationale Ängste, etwa, er könnte sich zu viel einbilden, sich auf seinen Lorbeeren ausruhen, sich nicht mehr für uns/mich anstrengen? Oder halte ich es mit dem oberbayerischen Bauern, dem nachgesagt wird, für ihn bedeute im Umgang mit seinem Eheweib die Unterlassung von Tadel hohes Lob: „Wenn I nix sog, is recht!“ („Wenn ich nichts sage, ist es gut!“)

Aber selbst bei der ‚positiven Bestärkung‘ lauern Gefahren.

Wird das Aussprechen positiver Dinge von demjenigen, der damit gemeint ist, als störend empfunden?

Sind es Du-Botschaften?

Ein Fehler ist es auch, wenn der bestärkende Part gönnerhaft Noten austeilt, sogenannte ‚Bonbons‘ und ‚Streicheleinheiten‘.

Oder das Lob sogleich mit diversen Wenns und Abers verknüpft: „Das war ja schon ganz gut, aber ...“

Oder so formuliert, dass das Lob einer Aggression gleichkommt: „Endlich bist du authentisch!“

Oder Nebenabsichten hat, so wie Erwachsene bisweilen einen Schüler loben, nicht weil sie sich über seine Leistung freuen, sondern damit er sich noch mehr anstrenge; sonst könnte er ja denken, es sei schon gut genug.

All dies kann zum Hauptmotiv Anerkennung im Widerspruch stehen und dazu führen, dass die Anerkennungsbekundung nicht ankommt.

Nachgespräch

Prüfen Sie, ob es Ihnen gelungen ist, die Regeln einzuhalten – über sich selber sprechen, das heißt über die Wirkung des positiven Bestärkens auf Sie und dessen Bedeutung für Sie. Welche Wirkung hat die Übung auf jeden von Ihnen, an welchen Stellen empfanden Sie sie als besonders gelungen und an welchen weniger? Was könnte der Grund für das eine wie das andere gewesen sein? Und wie hat sich an den unbefriedigenden Stellen der Anerkennung Ausdrückende gefühlt? Hat er oder sie etwas unterschlagen?

Wie Sie Störungen aufhellen und beheben – die diagnostische Grundregel als Kompass

Die diagnostische Grundregel zum Aufhellen und Beheben von Störungen lautet: Wenn ein Verhalten stört, wird etwas nicht ausgesprochen, absichtlich oder unabsichtlich, bewusst oder unbewusst. Kommt das Nichtausgesprochene zur Sprache, muss die Störung verschwinden.

Diese Formel scheint simpel zu sein, sie ist es auch in gewissem Sinn. Doch bekanntlich sitzt der Teufel im Detail.

Da es sich um ‚negative' beziehungsweise ‚störende' Sachverhalte handelt, geht es – bildlich gesprochen – darum, zu erlernen, wie man mit Sprengstoff umgeht. Daher kommt der Einhaltung der angegebenen Regeln, die unter anderem auch als Sicherheitsvorkehrungen fungieren, größte Bedeutung zu.

Also: Keine Du-Botschaften! Sprechen Sie primär nicht über Ihr Gegenüber und sein Störverhalten, sondern über die Wirkung, die dieses Verhalten auf Sie, das heißt auf Ihr Erleben, hat. Natürlich müssen Sie dabei auf sein Verhalten Bezug nehmen, damit ihr Gegenüber den Zusammenhang zwischen seinem Verhalten und dessen störender Wirkung erkennen kann. Etwa: Ich fühle mich bevormundet, wenn du so und so mit mir umgehst, wenn du so und so redest. Dabei sollen Sie sogar ganz konkret und differenziert schildern, was im Verhalten Ihres Gegenübers den eigentlichen Grund der Störung für Sie ausmacht.

Es gilt: Unterlassen Sie es zu deuten, warum Ihr Gegenüber sich so und so verhält („Das sagst du ja lediglich, weil du nie etwas zugeben kannst"). Nur Ihr Gegenüber kann jenen fehlenden Aspekt einbringen, dessen Verschweigen die Störung verursacht.

Aber auch: Verlassen Sie sich auf Ihr Gefühl! Lassen Sie es sich nicht ausreden oder wegrationalisieren. Das erfordert Mut. Wenn Sie sich durch eine freundliche Bemerkung verletzt fühlen, ist das Verletzungsgefühl wichtiger als die freundliche Zuwendung.

Gesprächsvorschlag
Gehen Sie gemeinsam mit Ihrem Gesprächspartner ein bestimmtes, nicht zu schwerwiegendes, aber nichtsdestotrotz schwieriges Ereignis Ihrer Beziehungsgeschichte oder der Gegenwart durch, das Sie noch nicht verstanden haben, und erkunden Sie seinen Hintergrund: was nicht ausgesprochen wurde, welche Gedanken, Gefühle, Absichten dahinter stehen.

Oder greifen Sie eine wiederkehrende störende Situation Ihres Zusammenlebens auf.

Nach dem Grundsatz „Störungen haben den Vorrang!" (Ruth Cohn) achten Sie sorgfältig darauf, wenn Störungen während des Gesprächs auftreten, etwa: Gerade eben fühle ich mich bedrängt, bevormundet, nicht ernst genommen. Denn jetzt ist die Erinnerung noch ganz frisch, und Sie werden vielleicht ohne Schwierigkeit herausfinden, was hinter dem bedrängenden Verhalten steht und nicht ausgesprochen wurde.

Vorgehensweise
Die Art des Sichgestörtfühlens soll konkret und differenziert beschrieben werden: Ärgerregungen, Empfindungen von Unter-Druck-gesetzt-Sein, Nervosität, Hemmung, Langeweile, Desinteresse usw. Sodann soll Bezug genommen werden auf das Verhalten des Gegenübers: Es ärgert mich, wenn du so lachst, so handelst.

Von großer Bedeutung ist auch die Frage: Wie ist mein Selbstgefühl betroffen?

Bin ich in meiner Handlungsfähigkeit beeinträchtigt, fühle ich mich gehemmt und blockiert?

Schließlich: Hat die Störung eine desorientierende Wirkung, sodass ich nichts mehr verstehe, vollkommen verwirrt bin? Und: Was geht währenddessen bei meinem Gegenüber vor?

Bei der Besprechung des störenden Verhaltens ist es oft ein Gewinn, einen Blick auf die Biografie zu werfen: Lässt sich hier etwas über die Entstehungsgeschichte dieses Verhaltens finden?

Das Kriterium der Entlastung
Das Kriterium dafür, dass Sie wirklich die Ursache einer Störung gefunden haben, besteht ganz schlicht in der Entlastung: Sie dürfen sich nicht mehr gestört fühlen, ihr Selbstgefühl muss wiederhergestellt, die Blockierung aufgehoben, der Zustand des Nichtdurchblickens durch klare Sicht ersetzt sein.

Wie entlastend und wohltuend ist es, wenn ein arroganter Mensch über seine Minderwertigkeitsgefühle spricht – was selten geschieht. Unsere Verunsicherung löst sich auf, unsere Hemmung fällt ab, wir atmen auf, weil wir nun das Ganze verstehen. Wie beruhigend zu wissen, dass wir die Störung, sofern sie wieder auftritt, ansprechen können.

Da ich selber ein einigermaßen ‚ruhiger' Typ bin, komme ich mir neben einem ausgesprochen dynamischen Menschen gelegentlich langweilig und verklemmt, ja sogar mickerig vor. Ich beneide den anderen um sein Pathos, das den Eindruck eines tollen und intensiven Gefühlsleben erweckt. Die Störung scheint hier vor allem in meinem Selbstgefühl zu liegen.

Aber immer wieder erfahre ich, wie sich alle meine Defizitempfindungen auflösen, sobald mir so ein dynamischer Mensch gesteht, wie armselig er fühlt, wie ihn die Angst quält, nichts mehr empfinden, mit seinem dürftigen Gefühlsleben nicht mit anderen mithalten zu können.

Wo eine Aufhellung nicht stattfindet, gilt es weiter zu suchen. Verbissenes Bemühen verhindert allerdings die Lösung. Diese findet sich oft nicht beim ersten Anlauf. Dann ist Geduld angesagt.

Noch eine abschließende Bemerkung.

Eine Störung beseitigen heißt nicht, Schmerz und Leid aus der Welt zu schaffen. Es gibt Belastungen, die wir Menschen einander zumuten müssen, weil wir uns nicht so stark zu ändern vermögen, dass alles Unangenehme verschwindet. Doch wenn eine Störung aktuell aufgelöst wurde, muss das, was im eigentlichen Sinn stört, verletzt und entwertet, verkrampft und blockiert hat, verschwinden, es darf nicht weiterbestehen, wenn eine Störung aufgehellt ist. Dass dieselben Störungen erneut auftreten, gehört zu unserem Leben. Aber wir haben mit der diagnostischen Grundregel ein Instrument zur Hand, das uns die Möglichkeit gibt, durch unablässiges Suchen und Nachspüren Beziehung immer wieder aufs Neue zu verbessern, zu vertiefen, zu intensivieren.

Das wiederum führt oft zu einer unerwarteten Steigerung des Lebensgefühls.

Wenn wir tatsächlich ‚falsch fühlen'

Ich verwende die Formulierung *tatsächlich* ‚falsch fühlen', weil wir später über den ebenso häufigen Fall sprechen, das nur *scheinbare* ‚falsch fühlen'. Es ist von großer Bedeutung, diese beiden Formen der Beziehungsstörung auseinander zu halten.

Unser Fühlen bildet für uns neben unserem Verstand das wichtigste Instrument beim Beziehungslernen. „Verlass dich auf dein Gefühl!", heißt die Devise. Doch das gilt nur, wenn dieses Instrument einwandfrei funktioniert. Wann ist das der Fall? Gibt es Kriterien, um das zu beurteilen?

Auf der körperlichen Ebene ist das Phänomen allen bekannt. Haben wir eine schmerzhafte Wunde, so schreien wir schon bei der geringsten Berührung auf. Ähnlich verhält es sich im Seelischen. Ein Mensch, an dem von Kindheit an ständig herumkritisiert wurde, reagiert später möglicherweise bei der leisesten Andeutung einer Kritik, als hätte man ihn zutiefst verletzt. Ist ein Mensch völlig unempfindlich und abgestumpft, musste er als Kind vielleicht Dinge miterleben, gegen die er sich nur durch Abstumpfung wehren konnte.

Beide Reaktionsweisen bringen große Gefahren für Beziehungen mit sich, weil die Betreffenden schwere persönliche Erfahrungen auf andere ‚übertragen' und ‚projizieren'. Die überempfindlich Reagierenden geben ihrem Gegenüber die Schuld dafür, dass sie brutal angefasst wurden. Die unberührt Reagierenden halten ihr Gegenüber für hypochondrisch und spielen seinen Schmerz herunter: „Sei nicht so zimperlich, mach nicht so ‚n Gedöns!" Die eine wie die andere unangemessene Reakton bedeutet eine massive Abwertung für das Gegenüber.

Die Überreaktion lässt sich oft an der Gefühlsqualität erkennen, sie weist darauf hin, dass wir an unserem wunden Punkt getroffen wurden: Wir reagieren überaus heftig. Es ist ein auffallend penetrantes Gefühl. Wir sind ‚wie besessen', ‚wie von der Tarantel gestochen', ‚wie vom Teufel geritten'.

Gesprächsvorschlag

Legen Sie sich die Frage vor: Wo ist bei mir der zentrale ‚wunde Punkt'? Und: Auf welche Weise habe ich diese Art des Reagierens gelernt?

Bei Neigung zu Überreaktionen: Wie wurde ich durch meine Lebensgeschichte für bestimmte Reize extrem sensibilisiert, sodass mich schon geringfügige Anlässe überstark erregen? War es Bevormundung, autoritärer Druck, Unechtheit, Rechthaberei, Überfürsorge?

Bei Neigung zu Empfindungsarmut: Hier besteht die Unangemessenheit des Reagierens nicht in einem Zuviel, sondern in einem Zuwenig. Es fragt sich: Welche Situationen oder Lebenslagen haben mich genötigt, mit Empfindungslosigkeit zu reagieren?

Vorsicht, Falle!

Bei unangemessenem Reagieren wird oft etwas ganz Wichtiges übersehen. Wenn jemand auf uns mit Überreaktion oder Empfindungslosigkeit antwortet, so schließt das nicht aus, dass wir auf irgendeine Weise daran beteiligt sind. Häufig genügt eine Geringfügigkeit unsererseits, um im Gegenüber den Mechanismus der Übertragung auszulösen. Und öfter, als wir vermuten, werden wir bei genauerem Hinsehen einen solchen Auslöser auf unserer Seite entdecken; das können irgendwelche verborgenen Gedanken, Gefühle oder Absichten sein.

Diese kaum feststellbare Beteiligung belastet die Beziehung stark. Denn die unangemessen Reagierenden ahnen meist, dass sie nicht allein dafür verantwortlich sind, sind jedoch außerstande, sich zu wehren, denn ihr Fehlverhalten liegt offen zutage. Daher fühlen sie sich ungerecht beurteilt, und das macht böses Blut.

Eine gute Beziehungsanalyse bringt auf differenzierte Weise die Anteile der beiden Partner an der Störung ins Bewusstsein. Eine ausgewogene Sicht zahlt sich auf jeden Fall für die Beziehung aus, während Einseitigkeit beträchtlichen Schaden anrichtet.

Übrigens lässt derjenige, der keinerlei Schuld an der Störung zu haben scheint und sich damit begnügt, eine große Chance ungenutzt, die Chance, anhand einer Geringfügigkeit sich selber, aber auch Beziehungsvorgänge genauer kennen zu lernen.

Eine goldene Regel für das Konfliktgespräch:

„Schaut nach innen, vergleicht das, was ihr wahrnehmt, und seht, ob da etwas zusammenpasst!“

Wenn sich das Gespräch verfahren hat, niemand mehr durchblickt, liegt es oft daran, dass man sich in Inhalten und Argumenten verfranst hat. Jetzt hilft nur ein Wechsel der Strategie weiter: Vergessen Sie für den Augenblick alles, *was* gesagt wurde, klammern Sie jeden Konfliktinhalt aus! Achten Sie nur auf das, was in Ihrem eigenen Inneren vorgeht – an Gefühlen, Gedanken und Absichten -, und vergleichen Sie dies sorgfältig mit dem, was sich im Partner tut.

Sie werden dabei überraschende und lohnende Entdeckungen machen. Die ‚goldene Regel' gilt und bewährt sich ganz allgemein. Im Folgenden wenden wir sie auf einige wichtige Themen an.

Wenn wir nur scheinbar ‚falsch fühlen' – eine weitverbreitete, verhängnisvolle und meist unerkannt bleibende Beziehungsstörung

Vergegenwärtigen Sie sich vor dem Gespräch noch einmal Ihren persönlichen ‚wunden Punkt', den Punkt, an dem Sie völlig unangemessen empfinden, entweder zu stark oder zu schwach. Diesen Punkt klammern wir für das nun anstehende Gespräch bewusst aus. Thema soll die nur scheinbare Unangemessenheit des Empfindens sein.

Das nur scheinbare ‚falsch fühlen' tritt tausendfältig auf und bildet eine ernst zu nehmende Gefahr für Beziehungen, auch weil wir die Störung zumeist gar nicht als solche erkennen, geschweige denn in der Lage wären, sie aufzuhellen und zu beheben.

Wahrscheinlich haben Sie in ihrem Beziehungsleben schon die Erfahrung gemacht, dass Sie sich gestört, entwertet, gehemmt, konsterniert fühlten, ohne dass Sie einen Grund dafür hätten angeben können. Das führt dann meist zur Selbstbezichtigung: Es kann doch nur an mir liegen!

Versuchen wir, diesem tückischen Störtypus zu Leibe zu rücken.

Gesprächsvorschlag
Vielleicht haben Sie Schwierigkeiten, Beispiele aus Ihrer Erfahrung zu finden, eben weil Sie die Art der Störung nicht als vom Gegenüber verursacht, also als Beziehungsstörung, sondern als von Ihnen selbst verursacht interpretieren.

Möglicherweise fällt es Ihnen leichter, in Ihrem gegenwärtigen Beziehungsalltag oder bei den Lerngesprächen Ansatzpunkte zu finden. Es handelt sich immer um dasselbe: Sie verstehen Ihre eigenen Gefühle aus dem Zusammenhang der jeweiligen Situation heraus nicht und haben daher den Eindruck, unpassend und unangemessen zu empfinden.

Achten Sie auf Vorgänge wie:

Sie werden aus lächerlichem Anlass ärgerlich, wegen nichts und wieder nichts. Sie bleiben seltsam unberührt von einem Problem, das Ihnen der Partner unterbreitet, erleben sich kooperationsunwillig. Es sperrt sich etwas in Ihnen, obschon Sie vom Kopf her die Notwendigkeit der Kooperation einsehen.

Die Suche nach dem Grund für solche ‚Missempfindungen' lässt sich immer in die Frage kleiden: Was vollzieht sich während eines solchen Moments in meinem Gegenüber? Es ist in der Regel etwas, das in seinem Inneren vorgeht und nach außen hin nicht zum Ausdruck kommt, eventuell sogar im Widerspruch zum äußerlich sichtbaren Verhalten steht.

Hierbei muss allerdings bedacht werden, dass es eine sogenannte Verschiebung geben kann: Vielleicht hat Ihr Gegenüber vorgestern einen Ärger hintergeschluckt, der sich erst jetzt störend auswirkt.

Der Kreis der in Frage kommenden Anlässe für eine Irritation ist also weit zu fassen. Ob man den richtigen gefunden hat, zeigt sich immer daran, dass die Irritation sich auflöst.

Eine besondere Hürde entsteht für verantwortungsbewusste Menschen da, wo sie ihre Reaktion als unsozial, ja unmoralisch erleben. Dann neigen sie zu Selbstbezichtigung. Vielleicht können Sie auf ein Anliegen des Partners nicht eingehen, weil er Rücksicht nimmt, Sie nicht belasten will oder Angst hat, Sie würden ihn nicht verstehen, würden nur aus Höflichkeit auf ihn eingehen. Solche ausgesparten Hintergründe auf Seiten des Partners lassen rasch eine Irritation bei Ihnen entstehen.

Oder eine Geste der Zuwendung, die Sie ehrlicherweise nicht zu erwidern vermögen.

In dem Fall sollten Sie nicht die Ehrlichkeit seiner Zuwendung in Frage stellen, sondern fragen, ob sich dahinter *noch andere* Gefühle verbergen, etwa Schuldgefühle. Wenn Sie sich kooperationsunwillig vorkommen, dann prüfen Sie, ob Ihr Gegenüber das wahre Motiv seiner Bitte um Mithilfe genannt hat oder es hinter irgendwelchen sekundären Motiven versteckt, absichtlich oder unabsichtlich.

Zum Thema Zuwendung: Eine Ehefrau berichtet mir, wie ihr Mann sie den ganzen Tag mit ehrlich gemeinten Komplimenten und Aufmerksamkeiten überhäuft, so dass ihr die Luft wegbleibt und sie unter so viel Zuwendung zu ersticken meint. Sie schämt sich ihrer Gefühle und gerät in große innere Bedrängnis. Hinter allem verbirgt sich die massive Angst des Mannes – die übrigens durchaus begründet ist –, seine Frau zu verlieren. Hinter seiner realen und glaubwürdigen Zuwendung stehen also noch andere Gefühle, die nicht zum Ausdruck gelangen.

Schärfen Sie bei den Übungen Ihre Wahrnehmung für Zusammenhänge. Vergleichen Sie sorgfältig, was in Ihnen beiden vorgeht. Schließlich betreten Sie hier ein spannendes Terrain. Oft werden sie überrascht feststellen: Nie hätten wir gedacht, dass ‚so was dahinter steht'.

Die größte Schwierigkeit, mit scheinbar falschen Gefühlen zurechtzukommen, liegt darin, dass man immer wieder meint, man verhalte sich daneben und unmoralisch, was dann fast zwangsläufig zur Selbstbeschuldigung führt. Dabei liegt die Ursache für Ihre Gefühle allein darin, dass Ihnen in diesem Moment, absichtlich oder unabsichtlich, eine Information vorenthalten wird; sobald Sie diese haben, erkennen Sie, wie angemessen und sinnvoll Sie empfinden.

Weil aber zunächst und vordergründig alles dafür spricht, dass Sie abwegig reagieren, verlangt es von Ihnen beachtliches Stehvermögen, sich solchen Situationen mutig zu stellen: Stur denken! „Wenn ich wüsste, was im anderen vorgeht, würde mich nichts mehr wundern, würde ich mir nicht mehr derart schäbig vorkommen."

An dieser Stelle möchte ich noch einmal an die Voraussetzungen dieser Herangehensweise erinnern:

- Solche Aufhellungen sind nur möglich, wenn der Partner mitspielt.

- Dass Sie als der scheinbar falsch Empfindende den ersten mutigen Schritt tun und sich mit Ihren Gefühlen zeigen, selbst auf die Gefahr hin, sich nicht verständlich machen zu können.
- Dass der Mitspielende *unaufgefordert* prüft, ob er einen Anteil an der entstandenen Gefühlssituation hat.

Die scheinbar falsche Gefühlsreaktion erweist sich als ebenso verhängnisvoll wie die tatsächlich falsche. Führt die letztere zur ungerechten Beschuldigung des Gegenübers, so führt die vermeintlich falsche Empfindung zu ungerechtfertigter Selbstbezichtigung. Die Wirkung auf eine Beziehung ist in beiden Fällen verheerend. Aber während die Gefahr der Projektion inzwischen allgemein bekannt ist, gilt das für die Gefahr der ungerechtfertigten Selbstbezichtigung längst noch nicht.

Eine wichtige Hilfe, um die tatsächlich ‚falschen Gefühle' von den nur scheinbar ‚falschen Gefühlen' zu unterscheiden, ist das Vergleichskriterium.

Vorausgesetzt, Sie besitzen Klarheit über Ihren ‚wunden Punkt', stellen Sie sich die Frage: Ist es für mich typisch, in dieser Situation, so abwegig zu reagieren, wie ich es tue, oder ist es für mich eher untypisch?

Sofern Sie die Frage ehrlich verneinen können, steht zu vermuten, dass die Ursache der Störung von außen kommt und Sie nur scheinbar ‚falsch fühlen'.

Wie sollen wir mit dem umgehen, was uns am anderen stört, verletzt, blockiert, konsterniert?

Nun soll das zentrale Thema, das wir im Zusammenhang mit der diagnostischen Grundregel nur angerissen haben, entfaltet werden. Ein Hauptziel des Beziehungslernens besteht darin, mit den vielfachen Beeinträchtigungen, die wir Menschen uns gegenseitig verursachen, zurechtzukommen.

Wieder erinnere ich an das grundlegende Lerngesetz: Ein Verhalten, also auch ein störendes Verhalten, wird rückwirkend durch seine Wirkungen und Folgen gesteuert. Positive Folgen bestärken es, negative Folgen bilden eine Art Korrektiv.

Wir Menschen wollen keineswegs umstandslos bestätigt werden. Dadurch würde uns die Mitwelt auf unsere Macken geradezu fixieren. Das liegt nicht in unserem wahren Selbstinteresse. Allein dadurch, dass uns zur Kenntnis gebracht wird, was an unserem Verhalten und unserer Ausstrahlung bei anderen negative Wirkungen erzeugt, erhalten wir die Chance, uns zu orientieren und uns gesund zu entwickeln. Man trifft immer wieder auf Menschen – es dürften mehr sein –, die ‚es unbedingt wissen wollen', denen man das Schlimmste antut, wenn man ihnen den Liebesdienst der Rückmeldung versagt.

Wir betreten damit allerdings eine schwierige, keineswegs ungefährliche Lernzone, in der es dringend geboten ist, Fehler nach Möglichkeit zu vermeiden. Vor allem wird dabei ein hohes Maß an Disziplin von uns verlangt, denn im Konfliktfall sind unsere Reflexe weitaus schneller als unsere Vernunft. Sobald wir innerlich vor Schmerz aufschreien, ist es uns naheliegender, dem Gegenüber entgegenzuschleudern: „Du bist ein charakterloses Schwein!", als über uns selber zu sprechen und die disziplinierte Form zu wählen: „Ich fühle mich durch dich tief verletzt."

Sicherheitsvorkehrungen

Zunächst stellt sich die Frage: Wie viel dürfen wir riskieren? Die Antwort ist relativ klar: Je stabiler die Beziehung, umso mehr können wir dem anderen zumuten.

Die bekannten Regeln sind jetzt rigoros einzuhalten: Sprechen Sie nicht über den anderen („Du verhältst dich destruktiv!"), sondern über die Wirkung, die er auf Sie, genauer auf Ihr Erleben hat („Ich fühle mich entwertet, unterdrückt" usw.).

Noch einmal sei daran erinnert: Gefühle nicht ausleben, sondern über sie sprechen; beschreiben Sie möglichst konkret, auf welche Weise Sie sich beeinträchtigt, in Ihrem Selbstgefühl getroffen, in Ihrer Handlungsspontanität gebremst, in Ihrer Sicht eingeschränkt erleben.

Gesprächsvorschlag
Greifen Sie nach der üblichen Beziehungsklärung noch einmal einen nicht allzu schwerwiegenden Konflikt aus der Vergangenheit oder Gegenwart auf.

Wieder gilt für den Ablauf des Gesprächs: Störungen haben Vorrang.

Wer den ersten Schritt tut, eine Störung anspricht, betritt unsicheren Boden, weil er nicht weiß, ob das Gegenüber imstande ist, sich auf die Konfliktklärung einzulassen. Besonders angreifbar macht sich der Beginnende, wenn er sich scheinbar ohne Grund gestört fühlt, also auf nichts Konkretes Bezug nehmen kann.

Der von der Rückmeldung Betroffene sollte weder Erklärungen abgeben noch sich verteidigen, sondern vielmehr unaufgefordert überlegen, was er selber in den Momenten fühlt, denkt und beabsichtigt, in denen er das störende Verhalten praktiziert.

Gegebenenfalls ist es gut, darüber zu sprechen, was die Rückmeldung in ihm bewirkt hat.

Schwierig gestaltet sich die Klärung, wenn die Rückmeldung selbst einen Fehler enthält, z. B. sehr verletzend wirkt, so dass der Betroffene gar nicht darauf eingehen kann, weil sich etwas in ihm quer legt. Vielleicht hilft Ihnen jetzt die Regel: „Schaut beide nach innen, nehmt wahr, was in einem solchen Moment vorgeht, und überlegt, ob da etwas zusammenpasst!"

In diesem Fall treffen zwei Störungen aufeinander.

In jedem Fall gilt: Gelingt die Aufhellung des störenden Beziehungsverhaltens, kommt also das vorher Verschwiegene in den Blick, verschwindet die Störung.

Der Empfänger der Rückmeldung, dass sein Verhalten störe, gelangt beispielsweise zu der Einsicht: Immer wenn ich destruktiv wirke, verschweige ich meine Verletzung oder meine eigene Verzweiflung.

Immer wenn ich Druck ausübe, verschweige ich die Angst, mein Partner lasse sich nicht ernsthaft auf mich ein.

Immer wenn ich unecht wirke, gebe ich etwas vor, das ich eigentlich gar nicht fühle.

Besonders schwierig wird die Konfliktaufhellung, wenn das fehlende Versatzstück unbewusst bleibt – doch davon mehr im Zusammenhang mit dem Gebot der Fairness.

Eine extrem schwierige Rückmeldesituation

Gelegentlich sind wir unsicher, ob es überhaupt einen Sinn hat, Rückmeldung zu geben. Wir sind zutiefst verletzt, erfüllt von mörderischer Wut oder gar Hass und ahnen sehr genau: Wenn ich das auf mein Gegenüber loslasse, wird nichts Gutes dabei herauskommen. Allzu böse und destruktiv sind meine Gefühle. Das kann nur schief gehen.

In unserem Leben gibt es Situationen, in denen wir außerstande sind, trotz gutem Willen, solcher Gefühle Herr zu werden und sie zu verändern.

Wenn in diesem Zustand eine Rückmeldung überhaupt sinnvoll erscheint, sollten Sie ihr eine Vorbemerkung vorausschicken, die Ihre augenblickliche Befindlichkeit beziehungsweise Ihr Dilemma beschreibt.

Eine solche Vorbemerkung wird je nach Temperament unterschiedlich ausfallen.

Der impulsive und dynamische Typ sagt vielleicht: „Ich muss jetzt meine Wut rauslassen dürfen, damit ich wieder kooperieren kann. Nimm es also nicht wörtlich, was ich jetzt sage!"

Der mehr kontrollierte Typ hingegen formuliert eher: „Ich möchte dir gerne etwas sagen, weiß aber nicht, wie ich es anfangen soll. Ich fürchte nämlich, dich zu verletzen, obschon ich das gar nicht will. Wenn ich trotzdem destruktiv bin, sollst du wenigstens wissen, dass das nicht meiner Absicht entspricht und mir sehr leid täte."

Oder: „Meine Gefühle sind von der Art, dich wirklich treffen zu wollen, also ganz einfach bösartig. Aber schließlich habe ich auch noch einen Kopf, der weiß, dass ich nichts gewinne, wenn ich dich niedermache und dann wochenlang damit beschäftigt bin, Scherben zusammenzukehren."

Eine Garantie für reibungs- und gefahrlose Kommunikation gibt es nicht. Aber solche Vorbemerkungen können einer Situation ihre gefährliche und unheilvolle Spitze nehmen.

Nachgespräch

Wie gelingt uns die Äußerung negativer Inhalte? Was erleben wir dabei als positiv, was als belastend? Mit allem Nachdruck sei betont: Die Äußerung negativer Inhalte darf schockieren und belasten, aber nicht entwerten, blockieren und total verwirren. Eine Blockierung drückt sich etwa so aus: „Seit du mir das gesagt hast, traue ich mich nichts mehr, ich bin völlig gelähmt."

Eine solche negative Wirkung deutet auf einen Fehler in der Rückmeldung hin. Versuchen Sie, diesen ausfindig zu machen und in Erfahrung zu bringen, was der Rückmeldende nicht ausspricht, nicht ausgesprochen hat.

Bei den Konfliktgesprächen tun die miteinander Redenden gut daran, sich nicht nur mit den entsprechenden Problemen zu beschäftigen, sondern auch im Auge zu behalten, wie sie sich während der Gespräche fühlen, wie es ihnen dabei geht.

Dass Klärungsgespräche mühsam und anstrengend sind, liegt in der Natur der Sache. Sind sie jedoch über lange Strecken zermürbend und quälend, fühlen Sie sich fortwährend überanstrengt und ausgepowert, dann stimmt am Gespräch selber etwas nicht.

Daher erneut der Hinweis: Beachten Sie die Kommunikationsregeln, aber achten Sie genauso auf ein wichtiges Signal: Ihre Stimmung. Die Stimmung signalisiert unter Umständen, dass Sie die Gesprächsweise unter die Lupe nehmen sollten.

„Rückmeldung + Beziehungsangebot!“

In vielen Situationen lassen sich negative Gefühle leichter äußern, wenn Sie dem anderen – und sich selber – eine ‚goldene Brücke‘ bauen. Das bietet sich besonders dann an, wenn Ihnen Ihre Störempfindung völlig unangemessen oder grundlos vorkommt, Sie sich z. B. ohne ersichtlichen Grund abgewertet fühlen.

Immer wieder müssen Sie sich klarmachen: Jedes Gefühl darf sein – Widerstand, Desinteresse, Überheblichkeit, Abwertung. Aber es steht in Ihrer freien Entscheidung, wie Sie mit dem Gefühl umgehen. Es kommt darauf an, ob Sie das Gefühl ausleben oder es schlicht beschreiben.

Die wünschenswerte Äußerungsform sieht ungefähr so aus: „Ich habe im Augenblick dieses Gefühl (dir etwas zum Vorwurf machen zu wollen, z.B.) und möchte gemeinsam mit dir in Erfahrung bringen, was sich da zwischen uns abspielt.“

Die *negative* Umgangsform wäre hingegen, dass Sie sagen: „Du bist gemein, ich will nichts mehr mit dir zu tun haben!“, aufstehen und türeknallend das Zimmer verlassen. Die *positive* Alternative dazu wäre: „Ich fühle mich durch dich gedemütigt. Am liebsten würde ich jetzt streiken, abhauen und dich hocken lassen. Aber viel wichtiger ist mir zu kapieren, was gerade zwischen uns abläuft.“

Eine weitere *negative* Form des Umgangs: „Was du über dein Belastetsein sagst, interessiert mich nicht. Verschone mich damit, du langweilst mich!“ Dasselbe *konstruktiv* gewendet: „Ich finde keinen Zugang zu dem, was du sagst, und registriere Desinteresse bei mir. Das wundert mich, weil ich dir glaube, dass du unter Druck stehst. Vielleicht kommt das, was wirklich los ist, noch nicht recht heraus.“

Der Mut, auch eine scheinbar unpassende Gefühlsreaktion auszusprechen, nährt sich von der Hoffnung, dass, sobald der Sachverhalt durchsichtig ist und die Störung aufhört, eine Wende eintritt.

Die negativen Gefühle treiben uns nicht selten dazu, die Beziehung quasi abzubrechen, zu ‚bocken‘ beziehungsweise äußerlich oder innerlich abzuhauen. Indem Sie das negative Gefühl umfunktionieren, als eine Botschaft ansehen, die es zu verstehen gilt, machen Sie den Versuch, dasselbe negative Gefühl konstruktiv für die Beziehung einzusetzen. Sobald Sie das negative Empfinden verstanden haben, schlägt die Situation ins Positive um. Etwa, wenn Sie erfahren, Ihr Desinteresse komme daher, dass sich Ihr Gegenüber nicht getraut hat, Sie mit seinem Problem zu belasten. So entsteht vielleicht plötzlich ein echtes Interesse, Genaueres zu hören.

Mir selber hilft die Regel „Rückmeldung + Beziehungsangebot!" oft, scheinbar völlig abwegige eigene Gefühle ernst zu nehmen und meinem Gegenüber mitzuteilen. In den allermeisten Fällen kann mir der andere den Grund für meine Gefühle angeben, so dass sich der Konflikt unverzüglich auflöst.

Rückbezügliche Sensibilität – „Ganz bei mir und ganz beim anderen!"

Weil unsere Gedanken, Gefühle und Absichten Wirkungen nach außen haben können, sind wir oft viel mehr mit den Verhaltensweisen des Mitmenschen ‚verbandelt', als äußerlich gesehen erkennbar ist. Die Lösung der so entstehenden Konflikte verlangt eine Erweiterung unseres Bewußtseins. Wir sind gehalten, eine eindimensionale beziehungsweise oberflächliche Sicht der Vorgänge aufzugeben und uns eine komplexe Sichtweise anzueignen.

‚Rückbezüglich' empfinden und denken heißt:

Bei allem, was du tust – äußerlich und innerlich –, achte auf die Wirkung, die das im anderen auslöst.

Bei allem, was der andere tut, achte darauf, welche Wirkung das in dir hervorruft, wie immer sein Handeln vordergründig aussehen mag.

Diese Doppelrichtung der Aufmerksamkeit bildet einen unverzichtbaren Schlüssel, um bestimmte verwickelte Vorgänge aufzuklären.

Unser Beziehungsalltag kennt genügend Beispiele für das schwer erkennbare Ineinandergreifen von Verhaltensweisen zweier Partner.

Uns passieren etwa die beschämendsten Fehlleistungen, wir kommen uns vor wie Trottel. Unser Gegenüber verhöhnt uns und hat auch noch recht mit seiner Kritik. Aber es sieht nicht, wie es durch seine kontrollierende und bewertende Art uns derart verunsichert, daß wir Fehlleistungen produzieren, die uns in Gegenwart anderer kaum unterlaufen.

Sollte sich Ihr Gegenüber auf die Aufhellung dieses Ablaufs einlassen, so kann das in Ihnen die Bereitschaft wecken und stärken, im umgekehrten Fall Ihren Anteil am problematischen Verhalten des anderen zu erforschen.

Gesprächsvorschlag

Durchforsten Sie Ihre Beziehungsgeschichte und das aktuelle Beziehungsleben nach folgenden Situationen:

Sie konstatieren bei sich selber irgendein Versagen, ein Verhalten, das Ihre Partnerin/Ihren Partner wirklich stört. Sie spüren aber genau, dass sie oder er einen wesentlichen Anteil an diesem Verhalten hat, weil Sie solche Verhaltensweisen im Zusammensein mit anderen nicht oder viel seltener von sich kennen (Vergleichskriterium).

Sie fühlen sich ungerecht beurteilt, weil von außen betrachtet alles gegen Sie spricht und nichts gegen den anderen.

Versuchen Sie es mit dem Grundsatz: „Rückmeldung + Beziehungsangebot!" Lassen Sie Ihr Gegenüber wissen, wie es Ihnen mit Ihrem Versagen geht, dass Sie es klar sehen, aber den Eindruck haben, hier fehle etwas zur vollständigen Erklärung seines Zustandekommens.

Erbitten Sie von Ihrem Gegenüber Kooperation, damit Sie zusammen herausfinden können, was sich in diesem Fall zwischen Ihnen beiden abspielt.

Nachgespräch

Wie erleben Sie die Auflösung einer solchen Verclinchung? Machen Sie sich bewusst, worauf es dabei ankommt, denn wird wohl nicht die einzige Verclinchung sein, und suchen Sie nach weiteren Beispielen in Ihrer Beziehung.

Mit dieser Arbeit haben Sie sich bereits auf das nächste Thema vorbereitet.

Das Gebot der Fairness

Wahrscheinlich ist Ihnen das Thema nicht mehr ganz neu, denn es begleitet unsere Lernarbeit von Anfang an. Wichtig ist hier vor allem die Bereitschaft, unaufgefordert einem eventuellen eigenen Anteil nachzugehen, sobald das Gegenüber rückmeldet, dass etwas stört.

Die diagnostische Grundregel in der Umkehrung

Die diagnostische Grundregel erweist sich als ungemein segensreiches Instrument, wenn es um die Aufhellung eines störenden Verhaltens geht. Wir haben sie bisher vorwiegend in einer Richtung angewendet: Wenn *uns* das Verhalten eines Mitmenschen stört, verletzt, blockiert, verwirrt, dann spricht dieser vermutlich etwas nicht aus, bewusst oder unbewusst.

Sollte die Regel tatsächlich Gültigkeit besitzen, dann gilt sie selbstverständlich auch in der umgekehrten Richtung: Wenn sich unser Mitmensch durch unser Verhalten gestört, verletzt, blockiert, konsterniert fühlt, dann *sind wir es,* die bewusst oder unbewusst etwas nicht aussprechen.

So simpel und selbstverständlich sich das anhört, so massiv ist in der Praxis unser Widerstand gegen eine derartige Schlussfolgerung. Klar liegt der Fall, wenn wir ohne weiteres wissen, dass wir mit dem Gegenüber boshaft, rücksichtslos, hinterhältig umgehen, also genau wissen, warum es aufschreit. Schwierig wird es in Situationen, in denen wir ein reines Gewissen haben und uns äußerlich einwandfrei, ja ganz besonders kooperativ benommen haben.

Rufen wir uns in Erinnerung: Auch unsere Gedanken, Gefühle und Absichten können Wirkungen haben. Rufen wir uns außerdem in Erinnerung: Die Gefühle des Gegenübers absolut ernst nehmen, selbst da, wo wir sie zunächst nicht verstehen! Die Konflikte, bei denen wir diese Grundsätze dringend brauchen, sind in unserem Beziehungsleben allgegenwärtig.

Zusammengedacht münden diese Grundsätze in eine schlichte, in ihrer Wirksamkeit aber erstaunliche Frage, die wir uns im Stillen stellen und so ehrlich wie möglich beantworten sollten. Diese Frage ist Ihnen längst bekannt, doch kommt ihr eine derart große Bedeutung zu, dass ich sie an dieser Stelle noch einmal wiederhole: **Bemerken wir in unserem Inneren etwas, worauf unser Gegenüber mit seinem Sichgestörtfühlen geantwortet haben könnte? Ist da ein Vorbehalt, ein ungutes Gefühl, ein Unmut, ein Hintergedanke, eine Nebenabsicht, etwas, das nicht so ganz zu unserem einwandfreien und engagierten Benehmen passen will?**

Eine solche Selbstprüfung ist völlig ungewohnt. Lassen Sie sich trotzdem darauf ein. Sie werden so manche Überraschung erleben, und Sie können nur gewinnen.

Die Brisanz liegt in Folgendem: In einer Situation, in der wir uns korrekt verhalten haben, setzt sich der andere mit seinem Sichgestörtfühlen oder seiner scheinbar abwegigen Reaktion ins Unrecht, bekommt gesagt und muss sich sagen lassen: „Du benimmst dich ja wirklich unmöglich."

Das Gegenüber erkennt naturgemäß nicht unsere heimliche Beteiligung an seinem ‚unmöglichen' Benehmen. Fairness heißt hier: Jemand nicht auf seiner falschen Selbsteinschätzung und seinem ‚blöden' Gefühl sitzen lassen.

Gesprächsvorschlag

Die bereits erwähnte Regel dazu lautet: **„Wenn du feststellst, dass der andere auf deine geheimen Gedanken, Gefühle und Absichten reagiert und sich mit seiner Reaktion ins Unrecht setzt, dann lass ihn nicht hängen!"**

Durchforsten Sie ihr Beziehungsleben nach Situationen, wo Sie die negative Reaktion Ihres Gegenübers nicht verstehen, weil Sie sich nach Ihrer Meinung absolut korrekt und sogar besonders engagiert verhalten haben. Stellen Sie Ihre spontane Entrüstung zurück und gehen Sie in sich. Sollten Sie fündig werden, machen Sie es offen:

„Ich verstehe, dass du dich entwertet fühlst, denn ich empfinde tatsächlich eine leichte Geringschätzung dir gegenüber."

„Ich verstehe, dass du auf diese harmlose Sache so erbost reagierst, denn ich habe da einen Hintergedanken."

„Ich verstehe, dass du dich über dieses Geschenk nicht freust, denn es fiel mir nichts Passendes ein, das mich überzeugt hätte."

„Ich verstehe, dass dich an meinem Engagement für dich irgend etwas stört, denn ..."

Legen Sie das Versatzstück *unaufgefordert* auf den Tisch, Ihr Gegenüber hat es mit seinem ‚falschen Gefühl' ohnehin schwer genug.

Üben Sie diese rückbezügliche Sensibilität während des Gesprächs, denn auch da wird es immer wieder vorkommen, dass der andere auf Ihre Gefühle, Gedanken und Absichten reagiert. Erarbeiten Sie genau, wie es Ihnen ergeht, wenn Sie diese Art der Fairness praktizieren. Ich will nicht vorgreifen, aber so viel zu Ihrer Ermutigung verraten: Sie werden vermutlich überraschende Erfahrungen machen, die zu den wertvollsten zählen werden, die Sie kennen.

Zwischenlösung – wie man den Abgrund der Unbewusstheit umgeht

Die eben beschriebene Störung ist rätselhaft und kompliziert, bei engagiertem Bemühen haben Sie dennoch gute Chancen, sie zu beheben.

Ganz anders stellt es sich im folgenden Fall dar. Dieses Problem ist im Grunde ohne fachliche Hilfe nicht lösbar. Dennoch gibt es eine passable Übung dafür, mit deren Hilfe die vielleicht gefährlichste, viele Opfer fordernde Beziehungsfalle umgangen werden kann: der Abgrund der Unbewusstheit.

Sie haben, so vermute ich, die in der letzten Übungsaufgabe enthaltene Hürde geschafft, den unsichtbaren eigenen Anteil am Fehlverhalten Ihres Gegenübers gefunden und zur Sprache gebracht. Was aber tun Sie, wenn Sie trotz sorgfältiger Selbstprüfung nichts ermitteln können?

Spielend leicht erkennen wir die Tücke der Unbewusstheit beim anderen. Wir bemerken ganz deutlich seine Aggressivität, aber zugleich, dass er das an sich selber nicht wahrnimmt und sein Verhalten ganz anders erlebt. Alle bekommen zu spüren, wie verletzend seine ironischen Bemerkungen sind, die er selber für geistreich und witzig hält. Und trotz nachhaltiger Rückmeldung ist nicht an ihn heranzukommen. Im Gegenteil. Er lässt uns abblitzen und verhöhnt uns – und das Entsetzliche daran ist: Er tut es nicht böswillig, er tut es nach bestem Wissen und Gewissen. Offensichtlich ist ihm das Problematische an seinem Verhalten völlig unbewusst.

Unbewusstheit zeigt sich der Mitwelt oft als Uneinsichtigkeit, Verblendung, aufreizende Selbstgerechtigkeit, Borniertheit.

Massive Unbewusstheit ist in einer Nahbeziehung auf Dauer eigentlich nicht auszuhalten. In zahllosen Fällen steht am Ende Resignation, kommt es zur Lähmung und zum vielleicht lautlosen Tod der Beziehung. Viele prallen an der Unbewusstheit ihres Gegenübers ab.

Was wir beim anderen überdeutlich sehen, das gilt natürlich auch umgekehrt. Unser Gegenüber erlebt unsere Unbewusstheit. Denn wir alle haben den berühmt-berüchtigten blinden Fleck. Das lässt sich leider auch durch größte Anstrengung nicht verändern. Weder kann der andere etwas für sein Unbewusstes, noch können wir selber etwas für das unsere. Es liegt im Wesen der Unbewusstheit, dass wir das in ihr Enthaltene nicht sehen können, ja nicht einmal wahrnehmen, dass wir es nicht sehen.

Wie gesagt, es gibt eine Möglichkeit, den Abgrund der Unbewusstheit sozusagen zu umwandern, vielleicht sogar eine goldene Brücke darüber zu bauen. Das setzt jedoch – wieder einmal – den Sprung über den eigenen Schatten voraus.

Ich will diese brisante Übung mit einer Frage einleiten: Wie hältst du's mit deiner eigenen Unbewusstheit? Du hast alles versucht, hast dein Bewusstsein durchstöbert, um den eigenen Anteil zu finden. Die Suche blieb ergebnislos. Was ist zu tun?

Zwei Wege

Vor uns gabelt sich der Weg. Wir stehen sozusagen am Scheideweg.

Der eine Zweig, eine breite Straße, führt ins Verderben; das ist das selbstgerechte und sture Beharren auf der eigenen Unschuld. Mit der Folge, dass unser Gegenüber genauso an unserer Unbewusstheit scheitert wie wir an seiner.

Was hält der andere, der zweite Weg für uns bereit?

Vergegenwärtigen wir uns noch einmal, was wir inzwischen wissen:

- Wir alle haben ein Unbewusstes.
- Unsere Gedanken, Gefühle und Absichten, ja auch unser Unbewusstes können Wirkungen auf andere haben, vor allem wenn das Unbewusste das Bewusste unterläuft.
- Wenn sich der andere durch unser Verhalten gestört fühlt, sind wir es, die etwas verbergen, bewusst oder unbewusst.

Führen wir diese Erkenntnisse zusammen, so könnte das unserem Partner gegenüber etwa folgendermaßen lauten:

„Ich habe nach meinem Anteil an unserem Konflikt sorgfältig geforscht, kann jedoch nichts finden. Aber wenn du mein Verhalten so negativ erlebst, dann wird wahrscheinlich schon etwas von mir ausgehen. Offensichtlich ist es mir nicht bewusst. Verlass dich auf dein Gefühl! Ich kann das fehlende Versatzstück leider nicht beibringen. So bleibt mir also nur noch, an deine Geduld zu appellieren, vielleicht komme ich später darauf, was es ist."

Wenn Ihnen diese Äußerung gelungen ist, haben Sie etwas enorm Wichtiges auf dem Weg zu einer Zwischenlösung geleistet. Der Abgrund der Unbewusstheit ist noch da, aber wider alle Erfahrung und Erwartung ist die Kommunikation zwischen ihnen nicht abgebrochen. Sie haben den Sprung über den eigenen Schatten gewagt, indem Sie das Bild, das Sie von sich selbst und Ihrem Verhalten haben, hinterfragen lassen und quasi Ihr Unbewusstes zur Diskussion stellen. Sie haben in diesem Moment der Wahrnehmung Ihres Gegenübers mehr vertraut als Ihrer eigenen. Damit bringen Sie Ihrem Gegenüber hohe Achtung entgegen. Es erfährt eine große Aufwertung. Diese Wertschätzung wird es vielleicht motivieren, die Belastung, die ihm durch Ihre Unbewusstheit zugemutet wird, zu ertragen. Aber die Angelegenheit ist natürlich nicht einseitig. Denn auch die oder der andere hat ein Unbewusstes und ist auf Geduld und Kulanz von Ihrer Seite angewiesen.

Kommt es zu einer solchen Zwischenlösung des schwerwiegenden Beziehungsproblems ‚Unbewusstheit', so ist das verhängnisvolle Muster durchbrochen, bei dem ein Partner selbstgerecht auf der Richtigkeit seiner Wahrnehmung und seines Verhaltens besteht. Mit der vorgeschlagenen Zwischenlösung können Sie wahrscheinlich leben – auch in Anbetracht des Abgrunds – mit der anderen Variante nicht.

Gesprächsvorschlag

Suchen Sie in Ihrer Beziehungsgeschichte nach Situationen und Abläufen, wo sich Ihr Partner durch Sie gestört, verletzt, blockiert und durcheinander gebracht fühlt, ohne dass für Sie ein einsichtiger Grund vorliegt.

Bekunden Sie Ihrem Gegenüber Ihr Vertrauen in die vermutliche Richtigkeit seiner Wahrnehmung und appellieren Sie an seine Geduld. Sollten Sie auch innerlich voll hinter dem stehen, was Sie sagen, dann ist Ihnen ohne Zweifel ein großer Schritt gelungen.

Anschließend tauschen Sie in dieser Übung die Rollen, denn auch Ihr Gegenüber hat ein Unbewusstes. Die Balance wird wieder hergestellt.

In der zwischenmenschlichen Beziehung können nur beide gewinnen oder beide verlieren.

Die Möglichkeiten, praktische Fertigkeiten über ein Buch zu erwerben, sind begrenzt[1]. Falls Sie bei Ihren Übungsversuchen immer wieder an den Punkt kommen, dass Sie sich momentan überfordert fühlen, so liegt das keineswegs an Ihrer Unfähigkeit, sondern an der extremen Schwierigkeit der Sache, mit der Sie es zu tun haben.

Daher kann es sich durchaus als sinnvoll erweisen, Hilfe in Anspruch zu nehmen. Es gibt heutzutage ein breit gefächertes Angebot institutionalisierter Beratung, das Sie wahrnehmen können: Partnerschafts-, Familien-, Erziehungsberatung sowie Selbsterfahrungsgruppen, Therapiegruppen, Psychotherapie.

Ich begleite Sie mit Hilfe dieses Buchs auf Ihrem Weg und füge den Wunsch an, Sie mögen voller Elan starten und stets mindestens so viel Erfolg erfahren, dass Sie immer wieder von neuem den Antrieb spüren, das unmöglich Erscheinende möglich zu machen.

Anmerkungen

Erster Teil
Einführung in die Grundgedanken

(1) Beziehungslernen ist praktisches Lernen. Daher kommt dem Üben die allergrößte Bedeutung zu. Im vierten Teil beschreibe ich eine Reihe von Übungen, um die Möglichkeit anzubieten, die von mir dargelegten Gedanken über zwischenmenschliche Beziehung in die Praxis umzusetzen.

Ich verwende die Begriffe ‚Lernen' und ‚Therapie' gewissermaßen parallel (Beziehungs*lernen* – Beziehungs*therapie*), weil die Grenzen häufig fließend sind.

(2) Siehe Max Frisch: *Tagebücher,* Frankfurt 1978, S.54 f.

Zweiter Teil
Die dritte Sprache

(1) Zwar haben die aufsehenerregenden Rosenthal-Experimente eindrucksvoll demonstriert, wie menschliche Gedanken und Einstellungen auf die Mitwelt Einfluss nehmen, doch die Tragweite und die Konsequenzen dieser Feststellung sind in der Kommunikationspsychologie wohl kaum entsprechend gewichtet worden.

Vgl. auch Watzlawick et alii, a.a.O., S. 64 f.

A. Tausch und R. Tausch haben auf die Auswirkungen solcher Ideen insbesondere auf den gesamten Bereich der Erziehung hingewiesen.

Siehe die Ausführungen bei Tausch, A., Tausch, R., *Erziehungspsychologie,* Göttingen/Toronto/Zürich, 10. Aufl. 1992, zitiert nach der 6. ergänzten Aufl. 1971, S. 128 ff.

(2) Siehe zu dieser Thematik auch E. A. Stadter, *Wenn du wüsstest, was ich fühle ... Einführung in die Beziehungstherapie*, a.a.O., S. 163 ff.

(3) Zur zentralen Thematik der zwischenmenschlichen Interaktion – dem Widerspruch zwischen innen und außen – gibt es ein riesiges Wortfeld. Diese Tatsache weist darauf hin, welch wesentliche Bedeutung dem im Zusammenleben zukommt. Siehe die Synonyma Handbücher, z. B. Wehrle-Eggers, *Deutscher Wortschatz. Ein Wegweiser zum treffenden Ausdruck*, Stuttgart 13. Aufl. 1967. Siehe z. B. folgende Wortgruppen: ‚Irreführung', S. 182, ‚Falschheit', S. 184, ‚Unwahrheit', S. 146, ‚Täuschung', S. 184, ‚Unredlichkeit', S. 318 f.

(4) F.M. Dostojewskij, Schuld und Sühne, München 1980, S.490f.

Dritter Teil
Die Praxis des Beziehungslernens

I. Erotische Anziehung und Kommunikation

(1) Siehe dazu K. Leonhard, *Dante Alighieri in Selbstzeugnissen und Bilddokumenten*, Hamburg 1970, S. 146 und Anm. 95 auf S. 159. Ferner S. 116 ff.

(2) Siehe Wehrle-Eggers, *Deutscher Wortschatz. Ein Wegweiser zum treffenden Ausdruck*, a. a. O., die Wortgruppe ‚Schmeichelei Nr. 933' S.317.

(3) Wolfgang Amadeus Mozart, *Don Giovanni. Der bestrafte Verführer oder Don Giovanni. Komödie in zwei Aufzügen. Textbuch Italienisch/Deutsch*, Stuttgart 1986, Arie des Leporello S. 34-37.

(4) Siehe F.M. Dostojewskij, Schuld und Sühne, München 1980, S.490 f.

(5) Siehe *Sokrates im Gespräch. Vier Dialoge.* Nachwort und Anmerkungen von Bruno Snell, Frankfurt/M. 1953.

(6) Siehe K. Leonhard, *Dante Alighieri in Selbstzeugnissen und Bilddokumenten*, a.a.O., S. 125 ff.

(7) G. G. Casanova, *Geschichte meines Lebens*. hrsg. v. E. Loos, 12 Bände, 1964-67.

(8) Vgl. die Gestalt des Mitja im Roman *,Die Brüder Karamasow'*, dazu auch J. Lavrin, *Fjiodor M. Dostojevskij in Selbstzeugnissen und Bilddokumenten*. Dargestellt von Janko Lavrin, Hamburg 1963, S. 133 ff.

(9) M. Buber, *Die Schriften über das dialogische Prinzip*, Heidelberg 1954, S. 166-169, ferner S. 48.

(10) Siehe z.B. Rudolf Leopold, *Egon Schiele. Die Sammlung Leopold Wien*, Köln 1995, z.B. S. 148 f., S. 250 f., S. 252 f. – Ferner *Egon Schiele, Zeichnungen und Aquarelle aus den Beständen des Historischen Museums der Stadt Wien und aus amerikanischem Privatbesitz* ausgewählt von Serge Sabarsky, Eigenverlag der Museen der Stadt Wien, z.B. S. 69, S. 75, S. 77, S. 113.

(11) Vgl. den Katalog der großen Ausstellung: *Otto Dix 1891-1969*, Museum Villa Stuck 23. August bis 27. Oktober 1985, München 1985, bes. S. 147-197.

(12) Siehe z.B. *Die Sammlung Ludwig. Zeichnungen, Gemälde, plastische Werke*. Hrsg. von Evelyn Weiss u. Maria Teresa Ocana, 2. korr. Aufl. 1993, München 1992 Museum Moderner Kunst Stiftung Ludwig Wien 11. März – 19. Juni 1994.

(13) Siehe Wolfgang Amadeus Mozart, *Die Zauberflöte. Oper in zwei Aufzügen*. Dichtung von Emanuel Schikaneder. Stutt-

gart 1962, S. 18, Arie des Tamino: „Dies Bildnis ist bezaubernd schön".

(14)Siehe *Wenn du wüsstest, was ich fühle ... Einführung in die Beziehungstherapie*, a.a.O., S. 247-253, bes. S. 250 f.

(15) Zu dem sokratisch-platonischen Gedanken der ‚Hebammenkunst', der sehr nachhaltig auf das Abendland sowie auf dessen Konzeption von Erziehung und Menschenführung gewirkt hat, siehe z.B. auch K. Schilling, *Platon. Einführung in seine Philosophie*, Wurzach 1948. – Ferner W. Jaeger, *Paideia. Die Formung des griechischen Menschen*, 3 Bände, Berlin 1959.

(16) Joh. 8,32.

II. Bernhard und Annabell

(1) Siehe oben Teil 2, Die dritte Sprache.
Ferner Watzlawick et alii, *Menschliche Kommunikation*, a.a.O., S. 194 ff.

(2) N.R. Guseva, *Indien. Jahrtausende und Gegenwart.* Leipzig/Weimar 1978, 3. Auflage 1989, S. 41.

(3) Zum Themenkreis ‚Femme fatale' siehe S. Partsch, *Klimmt. Leben und Werk*, München 1993, Judith, S. 75, S. 3, S. 247, Femme fatale: S. 251 f.: „... Klimmt bemühte sich hier nicht um die Wiedergabe des ‚Weibchens' oder der ‚Mutter', sondern um die Darstellung der Femme fatale. Besonders in der ‚Pallas Athene' ist der Übergang von Allegorie zu Femme fatale deutlich spürbar ... Aus dieser Figur entwickelte Klimmt Bilder, die zum einen die Bedrohung des Mannes durch die Frau wiedergaben, zum anderen aber auch die Sexualität der Frau als Hauptcharakteristikum in den Vordergrund stellten...

Im dem Gemälde ‚Judith I', das bereits 1901 entstand, übernahm Klimmt die frontale Darstellung der ‚Pallas Athene'. Das Motiv, die Befreiung ihrer Vaterstadt von der Belagerung der Assyrer, das sie dazu gebracht hatte, zu töten, klingt in dem Bild nicht an. Vielmehr ist es die Frau, die durch ihre Lust zur Verführerin wird ...

Obwohl das Bild auf seinem Rahmen in getriebenem Metall den Namen ‚Judith und Holofernes' trägt, wurde es noch zu Lebzeiten Klimas sehr häufig als ‚Salome' bezeichnet. Salome hat nicht selbst Hand angelegt, sondern ‚nur' veranlasst, zu töten."

(4) Siehe P. Schütze, *August Strindberg in Selbstzeugnissen und Bilddokumenten*, Hamburg 1990, S. 52 ff., S. 86 ff.

(5) Erich Fromm, *Sigmund Freuds Sendung, Persönlichkeit, geschichtlicher Standort und Wirkung*, Frankfurt/M. 1959, S.55.

Vierter Teil

(1) Weitere Literatur zu Übungen siehe bei L. Schwäbisch, M. Siems, *Anleitung zum sozialen Lernen für Paare, Gruppen und Erzieher. Kommunikations-und Verhaltenstraining*, Hamburg 1974, S. 357 ff.

M hat den Eindruck meine Antworten nach Fragen nach Gefühlen sind voll gedacht, ausgedacht, deswegen kommt nichts rüber. Muß ich meine Seele um Gewalt fragen?

Anhang

Weitere Publikationen des Autors

Philosophische Aspekte der Partnerbeziehung und der Kommunikationstherapie, in: A. Mandel, K.H. Mandel, E. Stadter, D. Zimmer, Einübung in Partnerschaft durch Kommunikationstherapie und Verhaltenstherapie, München 1971, 11. Aufl.1990, S. 325-402.

Wenn du wüsstest, was ich fühle. Einführung in die Beziehungstherapie, Freiburg 1992.

„Reflektierte Selbsterfahrung": ein Ausbildungskonzept für Therapeuten, in M. Bruch, N. Hoffmann (Hrsg.), Selbsterfahrung in der Verhaltenstherapie? Berlin – Heidelberg – New York 1996, S. 36-62, 197-210.

Meißner, M., Stadter, E.A., *Kinder lernen leben. Beziehungslernen in der Grundschule.* München 1994.

Informationen zum
Institut für Beziehungslernen und Beziehungstherapie

Anschrift: Marienberg 9, 83135 Schechen
Tel. 08031/88218, Fax 08031/88256

Das Institut veranstaltet Wochenendseminare als Einführung in die Arbeitsweise und führt dreijährige Kurse zur Ausbildung in Beziehungslernen und Beziehungstherapie durch.
Das Kursprogramm wird auf Anfrage zugeschickt.
Nähere Informationen: w.w.w.Beziehungstherapie.com

Wie Partnerschaft gelingt

Otto Brink
Spielregeln der Partnerschaft
Vorwort von Bert Hellinger
Band 5109
Für eine gelingende Partnerschaft sind bestimmte Grundhaltungen wichtig. Erkenntnisse, damit es gar nicht erst zu Krisen kommt.

Catherine Cardinal
10 Gebote für glückliche Paare
Band 5319
10 Dinge gibt es, die Paare wissen sollten. Klare Regeln machen das Leben leichter, wenn es in der Beziehung mal brodelt.

Joachim Engl/Franz Thurmaier
Wie redest du mit mir?
Fehler und Möglichkeiten in der Paarkommunikation
Band 4887
Wie man – statt in Vorwürfen steckenzubleiben – richtig spricht und zuhört, Gefühle und Wünsche ausdrückt, Probleme konstruktiv löst.

Hans Jellouschek
Wie Partnerschaft gelingt – Spielregeln der Liebe
Beziehungskrisen sind Entwicklungschancen
Band 5134
Was jeder tun kann, um die eigene Partnerschaft auf Dauer lebendig zu halten.

Wolf Jordan
Aus Eifersucht kann Liebe werden
Wie Partner zu neuem Vertrauen finden
Vorwort von Hans Jellouschek
Band 4776
Warum ist jemand eifersüchtig? Und wie kann sich ein Paar aus dieser Verstrickung befreien? Wolf Jordan zeigt Wege, die zu neuem partnerschaftlichen Vertrauen führen.

HERDER spektrum

Franziska Pfeiffer
Zwei Karrieren – eine Liebe
Wenn Paare, die sich lieben, getrennt leben
Band 5180
Zwischen Single-Leben und Partnerschaft: Erfahrungen und Tipps zu einer aktuellen Lebensform.

Lukas Richterich
Glücklich – auch nach sieben Jahren
Das Geheimnis einer guten Partnerschaft
Band 5066
Wirksame und praktische Regeln für Paare, die es auch nach vielen Jahren noch ernst miteinander meinen.

Christine Schmid-Fahrner
Vertrauen und sich anvertrauen
Geborgensein in der Partnerschaft
Band 5114
Die erfahrene Ehetherapeutin zeigt, wie Paare mehr Geborgenheit beieinander finden, so dass jeder wieder das Gefühl hat: Es ist gut, auf der Welt nicht allein zu sein, sondern zusammen zu gehören und füreinander da zu sein.

Rosmarie Welter-Enderlin
Deine Liebe ist nicht meine Liebe
Partnerprobleme und Lösungsmodelle aus systemischer Sicht
Band 4836
Die bekannte Paar- und Familientherapeutin zeigt, dass Krisen in der Partnerschaft auch Chancen sein können.

Erich H. Witte/Helga Wallschlag
Die fünf Säulen der Liebe
Wie Paare glücklich bleiben
Band 5517
Die Autoren haben langjährige Paare befragt und zeigen, was man tun kann, um das Glück stabil zu halten.

HERDER spektrum